W0062658

rowohlts monographien
begründet von Kurt Kusenberg
herausgegeben
von Wolfgang Müller

Le Corbusier

mit Selbstzeugnissen
und Bilddokumenten
dargestellt von
Norbert Huse

bildmono rororo graphien

Rowohlt

Dieser Band wurde eigens für «rowohlts monographien» geschrieben
Den Anhang besorgte der Autor
Herausgeber: Kurt Kusenberg · Redaktion: Beate Möhring
Schlußredaktion: K. A. Eberle
Umschlagentwurf: Werner Rebhuhn
Vorderseite: Le Corbursier (Foto Eugène C. Petit, Paris)
Rückseite: Die Kapelle von Ronchamp (Verlag für Architektur Artemis, Zürich 1965)

Veröffentlicht im Rowohlt Taschenbuch Verlag GmbH,
Reinbek bei Hamburg, November 1976
Copyright © 1976 by Rowohlt Taschenbuch Verlag GmbH,
Reinbek bei Hamburg
Alle Rechte an dieser Ausgabe vorbehalten
Gesetzt aus der Linotype-Aldus-Buchschrift
und der Palatino (D. Stempel AG)
Gesamtherstellung Clausen & Bosse, Leck
Printed in Germany
1080-ISBN 3 499 50248 8

23.–25. Tausend Oktober 1990

Inhalt

Le Corbusier, um 1950

VOM GRAVEUR ZUM ARCHITEKTEN

HERKUNFT: Charles Édouard Jeanneret, der sich später Le Corbusier nannte, stammt aus dem Schweizer Jura. Am 6. Oktober 1887 wurde er in La Chaux-de-Fonds geboren. Der Vater emaillierte Ziffernblätter für die lokale Uhrenindustrie, die Mutter kam aus einer Kaufmannsfamilie.[1]* Über Le Corbusiers Leben ist vergleichsweise wenig bekannt.[2] Es vollzog sich, so scheint es, vor allem in seiner Arbeit. Die Biographie, soweit bisher zugänglich, liefert äußere Daten, aber zum eigentlichen Verständnis des Schaffens trägt sie nur wenig bei. So individuell, ja subjektiv, Corbusiers architektonisches Werk später auch geworden ist – die Person, der es seine Entstehung verdankte, scheint sich immer mehr verschlossen zu haben. Siegfried Giedion, der seit 1925 mit Le Corbusier bekannt war und dessen gesamtes Schaffen publizistisch begleitet und unterstützt hat, schrieb 1958, Le Corbusier sei «... verschlossen, hart, unnahbar, alles Persönliche abwehrend, mißtrauisch wie ein Bergbauer. Niemand weiß, wer er eigentlich ist.»[3] Das Wenige, das derzeit bekannt ist, stammt meist von Le Corbusier selbst, weshalb immer mit einer gewissen Stilisierung zu rechnen ist. So liebte es Corbusier, darauf hinzuweisen, daß sein Geburtsort seine Entstehung den aus Südfrankreich vertriebenen Opfern der Albigenserkriege verdankte und daß La Chaux eine Zufluchtsstätte war, *die vom frühen Mittelalter bis zur russischen Vor-Revolution – einschließlich – durch die einander folgenden religiösen und politischen Verfolgungen immer neuen Zustrom erhielt*[4]. Seine Familie, die er bis um 1600 zurückverfolgen zu können glaubte, hielt Le Corbusier für französisch. Er sprach mit Stolz von seinen Vorfahren, besonders von dem Großvater, der 1848 in Neuchâtel zu den Anführern der Revolution gehört habe: *Man muß nicht darüber erröten und man muß es auch nicht verbergen, wenn man in seinem Blut diese Vergangenheit der Freiheit, des Scharfsinns, des freien Willens und auch des Wagemuts.*[5] Familie und Geburtsort erklärten die *unüberwindliche Anziehungskraft*, die das Mittelmeer, die *reinen Formen im Raum* und die *Reinheit des Denkens* auf ihn ausübten sowie die *Freiheit des Denkens* und auch *einen gewissen idealistischen Zug, der der Grundcharakter der Bewohner des rauhen Berglandes von Neuchâtel gewesen ist*[6].

ERZIEHUNG: Nach Abschluß der Schulzeit, während der sich Le Corbusier vor allem für Chemie, Physik, Kosmographie und Naturgeschichte interessierte, begann der Dreizehnjährige eine Ausbildung an der École

---

* Die hochgestellten Ziffern verweisen auf die Anmerkungen S. 129 f.

Der Vater:
Georges Édouard Jeanneret

Die Mutter:
Marie Charlotte Amélie, geb. Perret

Villa Fallet in La Chaux-de-Fonds, 1906/07

d'Art von La Chaux, die im 19. Jahrhundert gegründet worden war, um
die hochspezialisierten Graveure heranzubilden, für deren Verzierungen
die Uhren der Stadt berühmt waren. Le Corbusier hatte schnell Erfolg,
und auf einer internationalen Ausstellung gewann eine von ihm gra-
vierte Uhr sogar ein Diplom.[7] Besonders wichtig für seine weitere Entwicklung wurde einer seiner Lehrer, Charles L'Eplattenier, der mit der
üblicherweise von der Schule gebotenen Ausbildung nicht zufrieden
war, weil er *eine höhere Vorstellung vom Ornament* hatte, *das er wie
einen Mikrokosmos verstanden wissen wollte* [8]. Er versammelte die be-
gabtesten Schüler zu einem Kurs, der einen Übergang vom Kunstge-
werbe zur Architektur herstellen sollte. Durch diesen Kurs kam Le Corbusier anscheinend zum erstenmal mit den Zielen und Theorien der verschiedenen avantgardistischen Reformbestrebungen in Kontakt, die sich
seit der zweiten Hälfte des 19. Jahrhunderts in mehreren Ländern Euro-
pas herausgebildet hatten. Im Kreise L'Eplatteniers begeisterte man sich
vor allem für John Ruskin, aber das eigentliche Vorbild war die Natur.
Nur sie allein sei wahr, nur sie allein inspiriere, und nur sie könne deshalb dem Tun des Menschen eine Grundlage sein, erklärte L'Eplattenier
seinen Schülern: «Sucht nach ihren Ursachen, ihrem Formprinzip, ihrer lebendigen Entwicklung und erarbeitet daraus eine Synthese.»[9] Er
meinte damit nicht einfach die Natur im allgemeinen, sondern die des
heimatlichen Jura. Die neue regionale Architektur sollte auf einem ei-
genständigen Ornament beruhen und den Besonderheiten des Jura gerecht werden. *So machten wir uns mit Begeisterung daran, die Tand
schaft zu erforschen, in der wir uns befanden, von der Knospe bis zur
rhythmischen Abfolge der Berge am Horizont. Wir sind dabei, ein
höchst würdiges und bewegendes Wörterbuch sprechender Formen zu
erarbeiten, unser Stil wird der Stil des Landes sein, ein Gedicht auf unser Land.*[10] Die Exkursionen mit L'Eplattenier setzten die Ausflüge
fort, die schon der naturbegeisterte Vater mit der Familie unternommen
hatte. Le Corbusier sprach später von der Weite des Horizonts, die ihm
dabei ebenso vertraut geworden sei wie das Leben von Pflanzen und
Tieren und die zyklischen Abläufe in der Natur.[11] Auch sonst scheint
L'Eplattenier seinen Schüler nach Kräften gefördert zu haben, denn
schon dem Siebzehnjährigen verschaffte er den Auftrag für ein Haus.
Die Villa Fallet, die Le Corbusier später für *scheußlich* erklärte und
auch niemals selbst publiziert zu haben scheint, lehrte den jungen Architekten, daß Bauten nicht aus Ornamenten entstehen, sondern aus
Materialien, Grundrissen und Querschnitten. Das aber führte zu einem
*wahrhaftigen Schrecken vor dem Unterricht der Schulen, den Rezepten,
dem a priori aus göttlichem Recht, und ich überzeugte mich von der
Notwendigkeit, auf mein eigenes persönliches Urteil zurückzugehen.*[12]

REISEN, BEGEGNUNGEN, ERFAHRUNGEN: Mit dem Honorar für seinen Erst-
ling unternahm Le Corbusier 1907 die erste seiner großen Reisen, die

Charles Édouard Jeanneret (Le Corbusier), 1908.
Gezeichnet von seinem Bruder Albert

ihn zunächst nach Nord- und Mittelitalien führte, wo er sich vor allem dem Studium der mittelalterlichen Architektur widmete. Zu einem Schlüsselerlebnis wurde die Kartause von Florenz: Auf einem Hügel gelegen, zeigt sie schon im Außenbau die Einzelzellen, die sich innen zu einem Kreuzgang öffnen, der sie untereinander verbindet. *Eine außerordentliche Empfindung durchströmt mich. Ich erkenne: Eine authentische Sehnsucht des Menschen hat sich hier erfüllt, das Schweigen, die Einsamkeit, aber auch Gemeinschaft und tägliche Begegnung.*[13]

Von Italien ging Le Corbusier über Budapest nach Wien, einem der Zentren des neuen Kunsthandwerks. Er hört Gustav Mahler, lernt Gustav Klimt kennen und bekommt sogar ein Angebot, bei Josef Hoffmann zu arbeiten.[14] Nach kurzer Zeit entscheidet er sich jedoch für Paris. In Lyon besuchte er vielleicht Tony Garnier, der dort gerade seine umfassende Tätigkeit als Stadtarchitekt begonnen hatte: *Dieser Mann erkannte die nahe bevorstehende Geburt einer neuen, sozial begründeten Architektur.*[15]

Von heute aus gesehen waren die ersten zehn Jahre unseres Jahrhunderts eine der wichtigsten Perioden für die Ausbildung einer neuen, modernen Architektur. Ob in Deutschland, Österreich, Holland, Frankreich oder den USA – überall entstanden Gründungswerke des neuen Bauens. Aus der Perspektive eines jungen Architekten von 1907 oder 1908 konnte dies allerdings nur sehr viel schwerer sichtbar sein, denn für ihn mußten nicht die aus heutiger Sicht dominierenden Neuansätze das Bild bestimmen, sondern die im ganzen ja noch völlig ungebrochene Herrschaft der Architektur des späten 19. Jahrhunderts. Die Eisenkonstruktionen der Ingenieure, die damals schon seit Jahrzehnten eine Alternative zur Steinarchitektur der etablierten Architekten boten, wurden in Corbusiers Jugend nur von wenigen in ihrer Bedeutung erkannt, und auch der innere Zusammenhang der in den verschiedenen Ländern vorangetriebenen Reformversuche der Avantgarde war damals noch weit weniger deutlich als heute. Um so erstaunlicher ist es, daß Le Corbusier innerhalb weniger Jahre die meisten wichtigen Vertreter des Neuen kennenlernte, und zwar direkt, durch Begegnung oder Zusammenarbeit. Erst die dabei gewonnenen Erfahrungen befähigten ihn, sich aus der Enge der heimatlichen Kunstschule zu lösen, die ja, am objektiven Entwicklungsstand gemessen, trotz L'Eplattenier um Jahre zurück war. Erst durch die neuen Kontakte wurde Le Corbusier mit dem eigentlichen Grundproblem der neuen Architektur konfrontiert, das darin bestand, funktional, konstruktiv und künstlerisch der modernen Industriegesellschaft gerecht zu werden.

Im März 1908 traf Le Corbusier in Paris ein, wo er sich bei progressiven Architekten wie Frantz Jourdain und Henri Sauvage vorstellte und bei den Brüdern Perret eine Halbtagsstelle als Zeichner bekam.[16] In den vierzehn Monaten, die er – gegen den Willen der Eltern und L'Eplatteniers – in Paris blieb, legte Corbusier die Grundlagen für seine spätere Arbeit. Während er bei den Perrets die Möglichkeiten des Eisenbetons

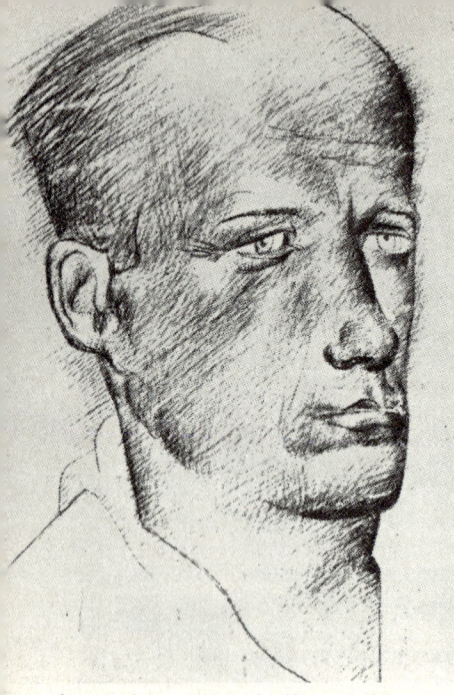

Vetter Pierre Jeanneret.
Zeichnung von
Le Corbusier

kennenlernte, verschaffte er sich in Kursen der École des Beaux-Arts und in den Bibliotheken beträchtliche historische Kenntnisse. Ganze Nachmittage widmete er dem Studium der Kathedrale von Notre-Dame, während die Morgenstunden der Mathematik und der Geometrie gehörten. Nach Ausweis der späteren Publikationen reichten die Kenntnisse, die Le Corbusier auf diese Weise erwarb, oft verblüffend weit. Was im Rückblick wie ein breit angelegtes, wohldurchdachtes und zielstrebiges Programm erscheint, war jedoch 1908 wohl eher ein versuchsweises Ausgreifen in die verschiedensten Richtungen, das mehr von Neugierde, Neigungen und auch Zufällen bestimmt war als von einem konsequent verfolgten Plan.

Sicherlich haben aber auch die intellektuellen Erfahrungen dieser Studien zu der großen, letztlich aber befreienden Krise beigetragen, die in den langen Briefen sichtbar wird, in denen sich Le Corbusier, teils defensiv, teils anklagend, mit Charles L'Eplattenier auseinandersetzte.[17] Die Ziele sind noch nicht immer deutlich; um so klarer aber ist, was Le Corbusier nicht mehr sein wollte: der frühreife Erbauer geschmackvoller Villen in seiner Heimatstadt. *Dieser ganze kleine Erfolg* sei *verfrüht,* und zwar nicht nur für ihn, sondern für die ganze von L'Eplattenier inspirierte Gruppe: *Die Bewegung ist zu früh aufgebrochen. Eure Soldaten sind Phantome. Eure Soldaten haben nie nachgedacht. Aber die Kunst von morgen wird eine Kunst aus dem Denken sein.* Die Materialien, vor allem der Eisenbeton, verlangten *Logik, Wahrheit, Ehrlichkeit*. Der Architekt müsse ein Mann *mit einem logischen Hirn* sein. Eine neue Baukunst stehe bevor, *denn die Menschheit hat ihre Lebensform und ihre Denkweise verändert*. Le Corbusier, auf der Suche nach einem *rationalen Programm*, fühlte sich der Aufgabe aber noch nicht gewachsen, denn nicht einmal das Zeichnen habe er gelernt, und schon gar nicht habe die Schule *die Vernunft, die Logik, den Geist der Definition* geweckt. Um vom Graveur zu einem Architekten zu werden, *der der Konzeption entspricht, die ich mir von diesem Beruf gemacht habe*, bedürfe es noch harter Arbeit: *Mein Kampf gegen die Freunde* (und damit auch gegen den Lehrer) *wird ein Kampf gegen ihre Ignoranz sein. Nicht weil ich etwas wüßte, sondern weil ich weiß, daß ich nichts weiß.*

Trotz solcher Kritik ging Le Corbusier im Dezember 1909 nach La Chaux zurück. Er beteiligte sich an einer Gesellschaft, die sich die Entwicklung aller Bereiche der Kunst zum Ziel gesetzt hatte. Von dieser Gesellschaft wurde er 1910 auf eine Studienreise nach Deutschland geschickt. Er sah u. a. Dresden, Stuttgart, Jena und München. Während der Reise erhielt er von seiner alten Schule den Auftrag, einen Bericht über Organisations-, Unterrichts-, Verkaufs-, Entwurfs- und Fabrikationsweisen des deutschen Kunstgewerbes zu verfassen. Nach Besuchen bei Heinrich Tessenow und Theodor Fischer und nach einer enttäuschenden Begegnung mit Joseph Maria Olbrich, den er für *einen Ornamentiker,*

Charles Édouard (links) mit seinem Bruder Albert

nicht einen Architekten [18] hielt, trat Corbusier schließlich in das Atelier von Peter Behrens ein, wo er als Chefzeichner arbeitete und vielleicht auch Gropius und Mies van der Rohe kennenlernte. Seine Einstellung zu dem, was er in Deutschland sah, wurde allerdings immer kritischer: *Bei Behrens in Berlin lernte ich das Funktionieren eines großen Büros kennen ... aber leider auch die Kapitulation der reinen und edlen Kunst.*[19] Der Schüler Perrets glaubte, Fassadenarchitektur zu erkennen, und empörte sich über *konstruktive Häresien* [20]. Das finanziell einge-schränkte und am Schluß auch noch durch Krankheit erschwerte Leben in Berlin bekräftigte in ihm die Ablehnung der Großstadt, die sich schon 1908 in Paris entwickelt hatte. Sie war für Le Corbusier eine *Wü-ste*, die nur das *Leben eines verlorenen Hundes* erlaube. Die *Brutalität* [21] der großen Städte zu bekämpfen wurde zu einem der Leitmotive seines Lebens.

Im Mai 1911 verließ Le Corbusier Deutschland, um mit einem Freund eine mehrmonatige Reise anzutreten, die ihn durch die Balkanländer bis nach Griechenland und Konstantinopel führte. Die vorausgegangenen Studienjahre hatten ihn gut vorbereitet und seinen Horizont intellek-tuell wie ästhetisch so erweitert, daß die neuen Erlebnisse auch wirklich

«Stilleben mit vielen Gegenständen», 1923

*Yvonne
Le Corbusier*

fruchtbar werden konnten. In einer für seine kombinatorische Intelligenz sehr charakteristischen Weise verknüpfte er seine Reiseerfahrungen mit den aktuellen Problemen der erstrebten neuen Architektur: *Indem ich beim Vergleich der verschiedensten Völker auf eine Einheit der grundlegenden menschlichen Voraussetzungen stieß, gewann ich die Gewißheit, daß ein neues Zeitalter bereits angebrochen war.*[22] Nur sei er dem Publikum noch verborgen, Reinigung deshalb eine *Lebensnotwendigkeit*[23]. Vergangenheit und Gegenwart waren ihm keine Gegensätze: In Athen, wo er sich wochenlang dem Studium des Parthenon gewidmet hatte, faßte er den Entschluß, nach Chicago zu gehen, wahrscheinlich, um die dortigen Industrie- und Hochhausbauten zu studieren.

Der Plan zerschlug sich jedoch, weil Le Corbusier eine Aufforderung L'Eplatteniers erreichte, an der neu begründeten Architekturabteilung der heimischen Kunstschule zu unterrichten. Le Corbusier akzeptierte und übernahm 1913 einen Kurs, dessen Programm überliefert ist: «Geometrische Elemente, ihr Charakter, ihre dekorative und monumentale Bedeutung, ihre verschiedene Anwendung auf Architektur, Möbel und andere Objekte (Ausführung, Pläne, Schnitte, Perspektiven usw.); praktische Ausführung von Werken der Architektur, der Innendekoration und verschiedener Gegenstände.»[24]

Le Corbusier hat in diesen Monaten auch als selbständiger Architekt gearbeitet, aber eine klare Linie oder gar ein selbständiger Stil ist in seinen Bauten und Projekten noch nicht zu finden. So gab es neben Villen im Regionalstil auch solche, die eher Hoffmann und Behrens verpflichtet sind; ein Brückenprojekt sieht aus wie ein römischer Aquädukt, während die Fertighäuser, über die er seit 1914 nachdachte, auf seine spätere Architektur vorausweisen.[25]

1917 erhielt Le Corbusier ein Angebot, in Frankfurt bei den städtischen Bauten mitzuarbeiten, aber statt nach Deutschland ging er, einem plötzlichen Sinneswandel folgend, nach Paris.[26] Die Jahre des Wanderns waren damit abgeschlossen, nicht aber die des Lernens, denn noch einmal erweiterte sich sein Erfahrungsbereich: Ab 1918 widmete er sich intensiv der Malerei und gleichzeitig übernahm er die Leitung eines technischen Büros.[27] Die Bilder dieser Jahre sind dadurch gekennzeichnet, daß die Figurationen immer ruhiger werden, je größer sie sind, was wohl bedeuten soll, daß die zunächst disparaten Einzelelemente schrittweise in eine übergreifende und durch den Bildrahmen umschlossene größere Ordnung integriert werden. Die Kritiker sind Le Corbusier in der Hochschätzung seiner Malerei in der Regel nicht gefolgt, aber unbestreitbar hat ihm seine Malerei damals – wie auch in späteren Jahren – geholfen, ästhetische Erfahrungen zu sammeln, die dann auch der Architektur zugute kamen. Zur gleichen Zeit zwang ihn die Arbeit in seinem technischen Büro, sich mit Problemen der Wirtschaftlichkeit, der Rationalisierung und der Organisation auseinanderzusetzen.

Einen weiteren und letzten Schritt in seiner Ausbildung zum Architekten bedeutete 1918 die Bekanntschaft mit dem Maler Amédé Ozenfant, mit dem gemeinsam Le Corbusier seine kunsttheoretischen Ideen fortentwickelte. Nachdem sie zusammen ein Buch geschrieben hatten, gaben sie ab Oktober 1920 eine Zeitschrift, «L'Esprit Nouveau», heraus, die den neuen Geist des Maschinenzeitalters sichtbar machen und propagieren wollte. Die Arbeit an dieser Zeitschrift wurde für Le Corbusier zum Katalysator für seine bis dahin so verschiedenartigen, ja heterogenen Erfahrungen. Die Aufsätze, die später zu dem Buche *Vers une architecture* zusammengefaßt wurden, entwickeln zum erstenmal zusammenhängend seine neue Weltanschauung und die darauf beruhende Ästhetik, die zur Grundlage seiner Architektur wurden.

DER ARCHITEKT ALS KÜNSTLER: 1929 erschien in Zürich der erste von insgesamt acht Bänden eines Werkverzeichnisses, in denen die Bauten Le Corbusiers chronologisch vorgestellt wurden. Dem ersten Band ist eine Einleitung beigegeben, in der der Zweiundvierzigjährige über seine Entwicklung, seine Aufgabe und seine Leistungen Rechenschaft gibt: Er stellt sich als Lernenden vor, *der Bewegung, die heute die ganze Welt beseelt, eng verbunden. Ich analysiere die Elemente, die den Charakter unserer Zeit bestimmen, jener Zeit, an die ich glaube, und von der ich nicht nur die äußerlichen Erscheinungsformen verständlich zu machen suche, sondern auch den tiefen, den konstruktiven Sinn. – Liegt nicht darin der eigentliche Sinn von Architektur? Die verschiedenen Stile und Frivolitäten der Mode sind Illusionen und Maskeraden, die mich nicht berühren. Es ist, im Gegenteil, das glanzvolle Phänomen der Architektur, das uns anzieht. Ich verstehe darunter die geistige Dimension der Organisation (*Architektur, das bedeutet für mich: durch geistiges Konstruieren handeln*), die dank der schöpferischen Kräfte einen Zusammenhang schafft, der fähig ist, die Synthese des gegenwärtigen Geschehens auszudrücken, nicht nur einfach eine persönliche Laune.*[28]

Wie die meisten Texte Corbusiers ist auch dieser nicht ohne weiteres in jeder Hinsicht verständlich und vor allem kaum wirklich zu übersetzen. Le Corbusier hat nicht diskursiv, Schritt für Schritt argumentierend, geschrieben, sondern wie ein Redner, der begeistern, mitreißen und auch überzeugen will und sich dabei weniger auf die Kraft des Einzelarguments verläßt als auf den Impetus des Ganzen. Selbst die Begriffe haben einen anderen Charakter und auch eine andere Funktion als in einem diskursiven Text, denn sie stehen nicht allein, sondern sind Teil von Wort- und Bedeutungskomplexen, deren Sinn sich im Zusammenhang zwar klärt und präzisiert, deren Einzelteile aber keineswegs immer eindeutig sind.

Selbst der Zentralbegriff des zitierten Abschnittes (*phénomène architecturale*, verstanden als *qualité spirituelle d'organisation*) ist, für sich genommen, durchaus nicht klar. Philosophischen Ansprüchen auf Definitionsgenauigkeit hält er auch in seinem Kontext nicht stand, aber der Bedeutungsspielraum wird doch erheblich enger, wenn man die Nebenbegriffe beachtet, die zur Unterstützung herangezogen werden: *sens profond, idée constructive, puissances créatrices, synthèse*. Auf der Gegenseite stehen *manifestations extérieures, frivolités de la mode, mascarades, caprice personelle*[29]. Auch diese Begriffe sind nicht eben stringent, doch evoziert gerade ihre Mehrdeutigkeit Bedeutungen und Zusammenhänge, die argumentativ nur schwer zu gewinnen gewesen wären. Die Bedeutungsfelder der einzelnen Worte berühren, überlagern und steigern sich, und die Texte beziehen daraus ein Pathos, das den Leser oft zustimmen läßt, bevor er überhaupt im einzelnen erfahren hat, worum es geht. Wer wäre auch nicht für Tiefe, Synthese, schöpferische

Kraft und konstruktiven Geist, wenn auf der anderen Seite nur Caprice, Mode und Maskerade zur Wahl stehen.

Aus dem rhetorischen Charakter solcher Texte folgt freilich nicht, daß sie ohne Sinn wären. Auch bei dem angeführten Beispiel ist ja der Grundgedanke durchaus nachvollziehbar: Architektur wird als darstellende Kunst verstanden, die fähig ist, auch die tieferen, latenten Gesetzlichkeiten einer Zeit sichtbar zu machen. Voraussetzung dafür ist das schöpferische Vermögen. Dieses aber, so Le Corbusier, wird nur einzelnen zuteil. Er bekennt sich zu dem Glauben, *daß jede Architektur, die sich an den Geist wendet, noch immer das Werk eines einzelnen ist. Der eine hier, der andere dort, sehen, verstehen, entscheiden und schaffen sie, und so erscheint die Lösung, in der die anderen sich erkennen.*[30]

Nicht im Dienen sah Corbusier die Aufgabe des Architekten, sondern in der Verwirklichung seiner individuellen Freiheit: *Sich der Kunst zu widmen, heißt, sein eigener Richter zu werden, sein einziger Herr. Man steht vor einer tabula rasa, und was wir in sie einschreiben werden, wird das unverwechselbare Produkt unserer eigenen Persönlichkeit sein: . . . da zeigt man sich, erkennt man sich als das, was man wirklich ist. Nichts mehr und nichts weniger.*[31]

In letzter Instanz scheint Le Corbusier die Bedeutung der Architektur nicht so sehr in ihren Ergebnissen gesehen zu haben, als darin, Spur und Dokument eines schöpferischen Aktes zu sein. Er beschwört den *bewegenden Augenblick, in dem sich in der Tiefe eines menschlichen Herzens jene Kristallisation* vollziehe, *die in Wahrheit Schöpfung ist,* und er spricht von dem *eigentlichen Geheimnis des Glücks,* das er im Schaffen erfahre: *Selbst wenn die Schwierigkeiten auf jeder erreichten Stufe zunehmen, bin ich doch glücklich, Tag für Tag voller Freude dieser Tätigkeit nachgehen zu können. Und es macht mich verdrießlich, daran zu denken, wie wenige sich von der Gegenwart dieses Freudenquells Rechenschaft geben und sich darauf versteifen, anderswo unerreichbare oder trügerische Paradiese zu suchen.*[32]

Man könnte solche Äußerungen als Selbstüberschätzung eines Ehrgeizigen beiseite lassen, prägte die in ihnen zum Ausdruck kommende Haltung nicht auch das Bauen Le Corbusiers. So ist zum Beispiel das oft gänzlich Ungenügende und trotzdem irritierend Selbstgewisse seiner Funktionsanalysen auch daraus zu erklären, daß er sich dank seines Künstlertums noch den schwierigsten Aufgaben der Stadtplanung gewachsen glaubte, und deshalb auf den fachlichen Rat anderer ebenso verzichtete wie auf wirklich umfassende eigene Recherchen. Auch die Selbstverständlichkeit, mit der Le Corbusier höchst individuelle Vorlieben und Abneigungen zu anthropologischen Konstanten erhob, findet ihre Erklärung darin, daß er sich als die Welt erkennender, durchdringender und ordnender Künstler verstand.

WELTORDNUNG UND HARMONIE: Das Buch, in dem die Grundanschauungen Le Corbusiers am klarsten zum Ausdruck kommen, ist auch sein berühmtestes geworden. Ausländer haben allerdings schon mit dem Titel Schwierigkeiten. So ist *Vers une architecture* mit *Kommende Baukunst* übersetzt worden, aber auch mit *Ausblick auf eine Architektur* [33]. Beide Übersetzungen sind möglich, aber keine trifft sämtliche Schwingungen und Nuancen des französischen Titels, der unter anderem auch als Kampfruf gelesen werden kann: *Hin zu einer Architektur!* (mit dem Akzent auf Architektur).

Die Fotos und Bildunterschriften, die den eigentlichen Text kommentieren und modifizieren, sind für das Buch nicht weniger wichtig als das im Text ausdrücklich Gesagte. Überredung und innuendo fehlen ebensowenig wie Überraschung und Schock. Durch eine neue Art der Text- und Bildmontage, die ihre engsten Parallelen in der Malerei, besonders aber im zeitgenössischen Film hat, kreierte Le Corbusier einen neuartigen und seitdem höchst erfolgreichen Typus des Architekturbuchs, dessen Aussagen schon beim Layout beginnen. Zum Beispiel sind Fotos von Automobilen mit Aufnahmen des Parthenon zusammengebracht, und deren Erläuterung ist so placiert, daß der Leser sie auch auf die Autos beziehen muß: *Jeder Teil ist entscheidend und zeigt ein Maximum an Präzision, Ausdruckskraft, Proportion.* [34] Wenige Seiten zuvor hatte Corbusier die Entwicklung des Tempelbaus vom Archaischen zur Klassik mit der Entwicklung der Autokarosserie verglichen. Aus den gewohnten Zusammenhängen herausgenommen, präsentieren sich Auto und Tempel so verfremdet, daß auf beide neues Licht fällt und es vom Parthenon heißen kann: *Das ist die Maschine, die uns erregt. Wir treten ein in die Unerbittlichkeit der Mechanik.* Eine hydraulische Bremse hingegen wird kommentiert, als sei sie ein Kunstwerk: *... diese Präzision, diese Sauberkeit der Ausführung schmeicheln nicht nur einem neuentstandenen Gefühl für die Mechanik. Phidias empfand ebenso: das Gebälk des Parthenontempels beweist es ... Das war zur gleichen Zeit, als Euklid und Pythagoras ihren Zeitgenossen die Lebensführung vorschrieben.* [35]

Die Architekten seiner Zeit dagegen verwirklichten solche Formen nicht mehr. Sie hätten sich *in die unfruchtbaren Schnörkel ihrer Grundrisse verloren, in Laubwerk, Pilaster und Firstaufsätze, sie haben sich keinen Begriff von den baulichen Grundformen erworben* [36]. Wahre Baukunst schüfen nur noch die Ingenieure: *Ingenieur – Ästhetik, Baukunst: beide im tiefsten Grunde dasselbe, eines aus dem anderen folgend, das eine in voller Entfaltung, das andere in peinlicher Rückentwicklung.* [37] Gegen die Auffassung des 19. Jahrhunderts, daß nur die Steinbauten der berufsmäßigen Architekten Baukunst seien, hatten auch andere schon Einspruch erhoben, Thesen wie die folgenden aber waren auch bei der Avantgarde alles andere als selbstverständlich: *Der Ingenieur, beraten durch das Gesetz der Sparsamkeit und geleitet durch Berechnungen, versetzt uns in Einklang mit den Gesetzen des Univer-*

19

Gegenüberstellung des Parthenon und eines Sportwagens von 1921
(aus: «Vers une architecture»)

sums. Er erreicht die Harmonie.[38] Diese Übereinstimmung, so Le Corbusier, stellt sich nicht von selbst ein. Sie ist vielmehr an die schöpferische Tätigkeit des echten Architekten gebunden, die allein in der Lage
ist, das Wesen der Zeit und der Welt auch für die sichtbar zu machen,
die nicht Künstler sind. Ganz im Sinne einer dem 18. Jahrhundert verpflichteten sensualistischen Wirkungsästhetik glaubte Le Corbusier,
daß die Betrachtung von Kunstwerken, auch architektonischen, zunächst auf die Sinne wirke und über diese dann auch auf den Geist: *Der
Architekt verwirklicht durch seine Handhabung der Formen eine Ord-*

nung, die reine Schöpfung seines Geistes ist: Mittels der Formen rührt er intensiv an unsere Sinne und erweckt unser Gefühl für die Gestaltung. Die Zusammenhänge, die er herstellt, rufen in uns tiefen Widerhall hervor, er zeigt uns den Maßstab für eine Ordnung, die man als im Einklang mit der Weltordnung empfindet.[39]

Aus der These, daß bestimmte Formverhältnisse als harmonisch empfunden werden, ist nichts Geringeres gefolgert als die Existenz einer harmoniebestimmten Weltordnung, der eine Prädisposition des Empfindenden entspreche: Man sagt von einem Gesicht, es sei schön, wenn die Feinheit der Modellierung und die Gliederung der Züge Proportionen haben, die man als harmonisch empfindet, weil sie in unserem Innern über die sinnliche Wirkung hinaus Widerhall erwecken, gleichsam einen Resonanzboden in uns zum Schwingen bringen, Spuren eines undefinierbaren Absoluten, das im Grunde unseres Wesens seit jeher lebt.[40] Eine geheimnisvolle Achse glaubte Le Corbusier zu erkennen, auf der der Mensch aufgebaut ist, in vollem Einklang mit der Natur und wahrscheinlich auch mit dem Universum. Es muß wohl jene Achse sein, die alle Erscheinungen, alle Dinge ausrichtet. Solche Sätze nähern sich der Theodizee, wenn Le Corbusier meint, die Existenz der Achse lege es nahe, eine Einheit im Weltgeschehen anzunehmen und einen einzigen Schöpfungswillen vorauszusetzen. Die Gesetze der Physik wären danach aus dieser Achse abgeleitet, und wenn wir die Naturwissenschaften und ihre Leistungen anerkennen (und lieben), so vor allem deshalb, weil wir annehmen dürfen, daß sie von jenem einen Willen am Ursprung der Schöpfung vorgeschrieben worden sind.[41] Die Harmonie, die für Le Corbusier ein so wichtiges Ziel war, wäre dann nur der Ausdruck der Verbindung mit dem Schöpfer und könnte definiert werden als der Moment der Übereinstimmung mit der Achse, die im Menschen ruht, also Übereinstimmung mit den Gesetzen des Universums, Rückkehr zur Weltordnung. Dies könnte die Ursachen für die Befriedigung beim Anblick gewisser Gegenstände erklären, für eine Befriedigung, die in jedem Moment die tatsächliche Einhelligkeit wiederherstellt.[42]

Von Anfang an sei es ein Ziel des Menschen gewesen, sich durch seine Werke dieser Harmonie zu versichern und sich so als geistbestimmtes Wesen vom Naturhaften und Naturgebundenen abzuheben und mit der Grundharmonie des Universums in Einklang zu bringen. Le Corbusier entwirft das Bild einer heroischen Frühzeit, in der dies zum erstenmal geschah. Der Primitive hat seinen Karren angehalten, er beschließt, daß dies sein Boden sein soll. Er wählt eine Lichtung, schlägt die zu nahe stehenden Bäume um, ebnet das Gebiet der Umgebung; er bahnt sich einen Pfad ... er rammt die Pfähle ein, die sein Zelt stützen sollen ... Der Weg ist gradlinig gezogen, wie es ihm seine Werkzeuge, seine Kraft und seine Zeit gestatten. Die Pfähle seines Zeltes beschreiben ein Viereck, ein Sechseck oder ein Achteck. Der Zaun bildet ein Rechteck mit vier gleichen Winkeln. Die Hüttentür öffnet sich auf die Achsenlinie des Zaunes, und die Zauntür befindet sich gegenüber der Hüttentür.[43]

Dabei leitete den Primitiven nicht rationale Überlegung, sondern ein Instinkt, der ihn *auf die rechten Winkel, auf die Achsen, auf das Viereck, den Kreis* [44], verwies. Indem er diesem Instinkt folgte, vollstreckte der Primitive die Gesetze des Universums, die ihm dann in seinen Bauten wiederum objektiviert gegenübertraten. Le Corbusier knüpft hier außerdem an eine seit Vitruv in der Architekturtheorie virulente Idee an, die der «Urhütte», deren Einfachheit und Rationalität schon im 18. Jahrhundert von Marc-Antoine Laugier zum Maßstab alles späteren Bauens proklamiert worden war.[45] Für Le Corbusier war die Hütte des Primitiven *die erste Manifestation des Menschen, als dieser sich ... seine eigene Welt schuf: er erkannte damit die Naturgesetze an, die Gesetze, die unsere Menschennatur regieren, unsere Welt ... Der das Universum beherrschende Determinismus öffnet unsere Augen für die Schöpfungen der Natur und gibt uns die Gewißheit von Gleichgewicht, von vernünftig Gemachtem ... von Entwicklungsmöglichkeiten, Mannigfaltigkeit und Einheitlichkeit.*[46]

HARMONIE UND GESELLSCHAFT: So gut wie alle avantgardistischen Architekten der zwanziger Jahre haben ihre Aufgabe und ihre Möglichkeiten sehr hoch eingeschätzt, und so gut wie alle verfolgten das Ziel, durch ihre Bauten eine neue Welt zu schaffen. Die Unterschiede bestanden darin, wie diese Welt aussehen sollte. In Deutschland und in der UdSSR haben nach dem Ersten Weltkrieg sozialistische Vorstellungen eine große Rolle gespielt, während andere, wie die Architekten des Stijl oder auch Mies van der Rohe, darauf vertrauten, daß die Zweckrationalität von Wirtschaft und Technik von sich aus zu einem neuen, auf Vernunft und Harmonie gegründeten Leben führen würde. Zu dieser zweiten Gruppe rechnet auch Le Corbusier. Da er glaubte, daß sich die Weltordnung primär in Bauten verwirkliche, war das Postulat nur folgerichtig, daß eine Selbstbesinnung der Architektur auch alle anderen Probleme lösen könne, während ein Versagen die ganze Welt ins Unglück stürzen müsse. *Das Räderwerk dieser Gesellschaft ist ernstlich gestört, es schwankt zwischen einem Aufschwung von historischer Bedeutung und einer Katastrophe. Der Urinstinkt eines jeden Lebewesens ist darauf ausgerichtet, sich eine Ruhestätte zu schaffen. Die verschiedenen arbeitenden Klassen der Gesellschaft haben heute keine angemessene Ruhestätte mehr, weder der Arbeiter der Hand noch der des Geistes. So ist der Schlüssel für die Wiederherstellung des heute gestörten Gleichgewichtes ein Bauproblem: Baukunst oder Revolution.*[47]

Selbst die Entfremdung des Menschen von seiner Arbeit wird zu einer Frage der geistigen Einstellung: *Das Werkzeug des Menschen war stets dem Menschen in die Hand gegeben: heute entzieht es sich, von Grund auf verändert und furchterregend, urplötzlich unserem direkten Zugriff. Wie dumm steht der Mensch, nach Atem ringend und keuchend, vor diesem Werkzeug, mit dem er nichts anzufangen weiß. Der*

Fortschritt scheint ihm gleichermaßen hassens- wie lobenswert; sein *Geist ist ein einziges Chaos. Der Mensch fühlt sich dabei eher als Sklave einer Zwangslage und hat nicht das Gefühl einer Erleichterung, Befreiung oder gar Verbesserung seines Loses ... Um die Krise zu überwinden, muß man die geistige Voraussetzung dafür schaffen, die Vorgänge zu begreifen und die neuen Werkzeuge zu gebrauchen.*[48]

Für Le Corbusier verlangte diese Situation nicht etwa Analyse, Kritik oder gar Auflehnung, sondern Anpassung und Fügung in das Unvermeidliche. *Wenn dieses arme menschliche Wesen sich in sein neues Joch geschickt hat und erfährt, welche Leistung von nun an von ihm verlangt wird, dann wird es auch erkennen, daß sich die Dinge verändert haben, daß sie sich verbessert haben.*[49] Diese Verbesserung betrifft aber keineswegs direkt den einzelnen, sondern vor allem die Effizienz und Produktivität der bestehenden Gesellschaftsordnung, an deren Grundlagen Corbusier nicht rütteln wollte, denn *Hilfsarbeiter, Arbeiter, Werkmeister, Ingenieure, Direktoren, Generaldirektoren, jeder hat seinen Ort, und wer das Zeug zum Generaldirektor hat, wird nicht lange Hilfsarbeiter bleiben; jede Stellung ist erreichbar*[50]. Le Corbusier unterstellt einen *Gesellschaftsvertrag, der sich im Laufe der Jahrhunderte stetig weiterentwickelt* und *Klassen und Funktionen*[51] der Menschen bestimmt. Den Begriff des Gesellschaftsvertrags hat Le Corbusier vermutlich aus dem 18. Jahrhundert übernommen, doch dient er bei ihm nicht mehr dazu, der herrschenden Ordnung das Bild einer besseren entgegenzuhalten, sondern zur Legitimation der bestehenden.

Von vornherein betrachtete Le Corbusier die Entwicklungen, die er in seiner Zeit zu erkennen glaubte, als notwendige und vernünftige. Kritik lag ihm fern, die Architektur sollte den Menschen vor allem dazu bringen, sich freiwillig den Erfordernissen der modernen Gesellschaft zu unterwerfen: *Einerseits lebt er in einer Welt, die sich stetig, logisch und klar entwickelt und die mit Lauterkeit nützliche und brauchbare Dinge hervorbringt, und andererseits befindet er sich noch immer in dem alten, feindseligen Rahmen. Dieser Rahmen, das ist sein Zuhause; seine Stadt, seine Straße, seine Wohnung, sein Haus, stehen auf gegen ihn und hindern ihn, unbrauchbar, wie sie sind, in seiner Mußezeit den gleichen geistigen Weg zu verfolgen, den er bei der Arbeit eingeschlagen hat ... Es ist ein Problem der Angleichung, bei dem es um die nüchternen Belange unseres Lebens geht. Die Gesellschaft begehrt mit Macht etwas, was sie bekommen wird oder auch nicht. Alles ist vorhanden, alles hängt davon ab, wieviel Mühe man aufwenden wird und wieviel Aufmerksamkeit man diesen alarmierenden Symptomen widmen wird. Baukunst oder Revolution. Die Revolution läßt sich vermeiden.*[52]

Die Forderung, sich den Bedingungen der technischen Zivilisation zu unterwerfen und die Berufung auf ein gerade durch den Primitiven verkörpertes Menschenbild standen für Le Corbusier nicht in Widerspruch, denn er sah in der Technik nur eine neue Erscheinungsform der universal und für alle Zeiten gültigen Grundharmonie, die sich auch in den primitiven Kulturen schon manifestiert hatte.

Der ideologische Charakter derartiger Vorstellungen, in denen die spezifischen Bedürfnisse einzelner gesellschaftlicher Gruppen und Bereiche zur anthropologischen Norm erhoben werden, kommt in Texten wie dem folgenden zum Ausdruck: *Der ungeheure industrielle Aufschwung unserer Zeit hat eine besondere Klasse geistig Wirkender hervorgebracht, die so beschaffen ist, daß sie zur treibenden sozialen Schicht geworden ist. In den Fabriken, in den technischen Büros, in den Studiengemeinschaften, Banken, großen Kaufhäusern, Zeitungen und Zeitschriften sitzen Ingenieure, Abteilungsleiter, Geschäftsführer, Sekretärinnen, Redakteure, Buchhalter, die alle als Angestellte jene großartigen Dinge ausarbeiten, die uns in den Bann ziehen.*[53]

Das gesellschaftliche Leitbild gibt mit den Angestellten diejenige soziale Gruppe ab, die sich im Laufe der zwanziger Jahre immer deutlicher als eine neue, sowohl von der Arbeiterschaft als auch vom traditionellen Bürgertum verschiedene Gesellschaftsschicht etablierte. Ihre Mitglieder und deren Tätigkeit hat Le Corbusier jedoch primär nach ästhetischen Gesichtspunkten beurteilt: *Sie entwerfen Brücken, Schiffe und Flugzeuge, sie erfinden Motoren und Turbinen. Einige sind Bauführer, andere steuern das Kapital und verwalten es. Einige kaufen in den Kolonien ein und in den Fabriken, andere schreiben Artikel über alles, was es an Schönem und Entsetzlichem gibt, und registrieren die Fieberkurven einer in Aufruhr, in ständigem Gebären, in Krisen und manchmal in Wahnsinn befindlichen Menschheit.*[54] Aber diese *Auslesemenschen, die die Welt der Industrie und der Geschäfte bilden, und die sich infolgedessen in jener männlichen Sphäre bewegen, in der unleugbar schöne Werke geschaffen werden, wähnen sich selbst weit entfernt von jeder ästhetischen Tätigkeit. Sie haben unrecht, denn sie gehören zu den aktivsten Schöpfern der zeitgenössischen Ästhetik.*[55] Eine dieser Elite angemessene Architektur zu schaffen, schien vordringlich, verlange doch *der schöpferische Mensch, der Mensch der Tat und des Denkens, der Elitemensch, nach einem heiteren und abgeschlossenen Raum, um sich in Ruhe in seine Arbeit versenken zu können; die Lösung dieses Problems ist für die Gesundheit der Elite unerläßlich*[56].

Der Sozialcharakter der Architektur Le Corbusiers wird im folgenden noch mehrfach zu analysieren sein. Unmittelbar anschaulich wird er aber oft schon in den Illustrationen, die aus seinem Atelier kamen. Achtet man einmal auf die Menschen, die Corbusier sich für seine Räume vorstellte, dann fällt auf, wie viele von ihnen sich ausruhen oder typischen Freizeitbeschäftigungen nachgehen. Liegen, Fauteuils oder Sonnenstühle stehen fast überall bereit, und auf vielen Tischen erinnert Kaffeegeschirr an einen ruhigen Nachmittag. Auch Sportgeräte sind häufig, und gelegentlich wird sogar am punching ball trainiert. Wie selbstverständlich gibt es in diesen mittelständisch-bohèmehaften Interieurs fast überall Bücherregale, verweisen geöffnete Bücher auf gera-

Eßzimmer einer «Villa-immeuble», 1922

de unterbrochene Lektüre. Große Tische für das Arbeiten mit Büchern sind meist ebensowenig vergessen wie der Balkon, von dem aus man Aussicht und frische Luft genießt, und selbst kleine Mietwohnungen verfügen in nicht wenigen Fällen über Flügel oder Cembalo.[57]

TECHNIK, GEOMETRIE UND FREIE GESTALTUNG: Die anthropologischen und soziologischen Theoreme dienen in *Vers une architecture* zur Begründung eines Architekturprogramms, das nicht nachträgliche Rechtfertigung einer bereits bestehenden Praxis war, sondern deren Voraussetzung. Die Aufsätze in der Zeitschrift «Esprit Nouveau», auf denen das Buch aufbaute, sind bereits 1920 und 1921 erschienen, während entsprechende Bauten erst ab 1922 entstanden. Die Grundlage dieser Baukunst waren Geometrie, Technik und freie künstlerische Gestaltung. In den Silos und Fabriken Amerikas sah Corbusier *prachtvolle Erstgeburten der neuen Zeit. Die amerikanischen Ingenieure zermalmen mit ihren Berechnungen die sterbende Architektur unter sich.*[58] Der Weg werde frei für eine Besinnung auf das eigentliche Wesen der Baukunst. *Architektur ist das kunstvolle, korrekte und großartige Spiel der unter dem*

25

Licht versammelten Baukörper. Unsere Augen sind geschaffen, die For-
men unter dem Licht zu sehen: Lichter und Schatten enthüllen die For-
men. Die Würfel, *Kegel, Kugel, Zylinder oder die Pyramiden sind die*
großen primären Formen, die das Licht klar offenbart; ihr Bild erscheint
uns rein und greifbar, eindeutig. Deshalb sind sie schöne Formen, die
allerschönsten. Darüber ist sich jeder einig, das Kind, der Wilde und
der Metaphysiker. Hier liegen die Grundbedingungen der bildenden
Kunst.[59]

Geometrische Formen verbürgten allerdings auch für Le Corbusier nur
dann echte Architektur, wenn ihre Verwendung durch künstlerische
Phantasie bestimmt wurde, und die entscheidende Instanz dafür sah er
in den Grundrissen. *Baukörper und Außenhaut sind die Elemente, in*
denen sich Baukunst offenbart. Baukörper und Außenhaut werden be-
stimmt durch den Grundriß. Aus dem Grundriß entsteht alles. Wer kei-
ne Phantasie hat, dem ist nicht zu helfen![60] Das Ungewöhnliche der
Grundrisse Corbusiers fällt auch bei flüchtigster Betrachtung ins Auge.
Keiner ist selbstverständlich, bei allen ist klar, daß sie das Ergebnis der
definierenden und gliedernden Arbeit des Architekten ist. Er war es,
nicht die Notwendigkeit, der bei der Raumverteilung im Dachgeschoß
der Villa Stein der Abstellkammer nicht nur einen herausgehobenen
Platz[61], sondern auch eine besonders edle, geometrische Form gab –
ganz darauf bedacht, das Spiel der unter dem Licht versammelten Körper möglichst glanzvoll zu inszenieren. Auch sonst trifft man bei der
Villa Stein immer wieder auf phantasievoll verwendete Formen, denn
selbst den aus dem kubischen Gehäuse ausgegliederten Funktionen sind
geometrische Behälter zugewiesen, die aber nie massiv, als Block oder
Masse, wirken. Noch bei der geschlossenen Straßenfront erinnern Ein-
schnitte und Anbauten daran, daß man nicht einen Block vor sich sieht,
sondern einen Hohlkörper. Für diese Wirkung ist auch der feinkörnige
Putz von Bedeutung, der die Mauern nicht massiv und schwer erscheinen läßt, sondern als leichte und lichte Membranen. Dank dieser Wände
wird das von Le Corbusier immer wieder panegyrisch gefeierte Licht –
unabhängig von der von außen kommenden Beleuchtung – zu einem
wesentlichen Element seiner Architektur.

Auch das letzte aus der Trias der von Le Corbusier genannten Kom-
positionsmittel, *die Maßregler*[62], kann man an der Villa Stein gut studieren. Le Corbusier verstand darunter Linien, mit deren Hilfe man Formverhältnisse analysieren und in einem zweiten Schritt dann auch erzeugen
kann. Beispiele lieferten ihm neben der klassischen französischen Architektur auch Bauten wie die Kathedrale von Notre-Dame. Parallelität,
rechter Winkel, Goldener Schnitt und Achsenbeziehungen sollten helfen, die Komposition auf objektive Maß- und Ordnungssysteme zu begründen: Am Außenbau der Villa Stein ist klar zu erkennen, daß zum
Beispiel die Führung der Außentreppe hinten oder die Bemessung der
Tür vorn auf solche Überlegungen zurückgehen. *Das ganze Haus ge-*
horcht rigorosen Maßlinien, die dazu geführt haben, die Seiten der ver-

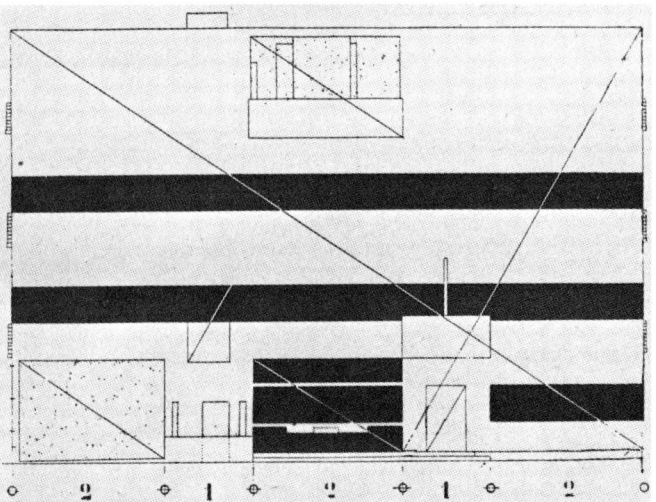

*Villa Stein
in Garches.
Straßenseite*

*Villa Stein
mit «Maßreglern»*

0 · 2 · 1 · 0 · 2 · 1 · 0 · 2 · 0

schiedenen Teile bis auf etwa 1 cm zu modifizieren. *Die Mathematik trägt hier beruhigende Wahrheiten bei, und man läßt das eigene Werk nicht ohne die Sicherheit, Exaktheit erreicht zu haben.*[63]

Der französische Ausdruck, «tracés régulateurs», läßt erkennen, daß Corbusier solche Linien auch als Spuren des ordnenden Architekten verstand, dem die verwendeten Proportionen und Maße nicht ohne weiteres vorgegeben sind. Zwar heißt es, der Maßregler sei *Versicherung gegen die Willkür* und bringe *jene vernünftige Mathematik ins Spiel, welche Bedingung für den wohltuenden Eindruck* einer *Ordnung sei*[64], aber die Freiheit des Künstlers ist damit nicht aufgehoben. Er entscheidet ja, welcher Maßregler angewandt wird, und deshalb ist dessen Wahl einer der wichtigsten Momente *der schöpferischen Inspiration. Sie zählt zu den wichtigsten Fakten in der Baukunst.*[65]

In immer neuen Wendungen hat Le Corbusier in den zwanziger Jahren die moderne Technik gepriesen. *Ein großes Zeitalter ist angebrochen. Ein neuer Geist ist in der Welt. Es gibt eine Fülle von Werken des neuen Geistes, man begegnet ihnen vor allem in der industriellen Produktion.*[66] Mit derartigen Äußerungen war Corbusier um 1922 keineswegs allein. Bei den Futuristen und beim Stijl, bei Gropius, Mendelsohn oder Mies van der Rohe könnte man viele Parallelstellen nachweisen. Form und Perfektion technischer Gebilde hatten schon im 19. Jahrhundert Bewunderer gefunden, und gleichzeitig mit Le Corbusier haben die russischen Konstruktivisten technische oder wenigstens technoide Formen nicht nur für die Architektur, sondern auch für Malerei, Skulptur und Bühnenbild zum Vorbild erklärt. Nicht die Begeisterung für Technik an sich ist deshalb das für Corbusier Spezifische, sondern die Art, wie er sie formuliert und die Beispiele, an denen er sie illustriert hat.

Nachdem Einzelformen der Schiffsarchitektur wie Bullaugen, Relings und Wendeltreppen schon in Entwürfen von 1916 aufgetaucht waren[67], schrieb er 1923 in *Vers une architecture* zum Außendeck eines Schiffes der Cunard Line: *An die Architekten: Der Vorzug eines langen Wandelgangs, ein befriedigender, interessierender Raum; Einheit des Baumaterials, schöne Anordnung der konstruktiven Elemente, die vernünftig zur Geltung gebracht und zu einer Einheit zusammengefaßt sind.*[68] Und, noch grundsätzlicher: *Vergißt man einen Augenblick, daß ein Ozeandampfer ein Transportmittel ist, und betrachtet man ihn mit neuen Augen, dann begreift man ihn als eine bedeutende Offenbarung von Kühnheit, Zucht und Harmonie und von einer Schönheit, die zugleich ruhig, nervig und stark ist.*[69] Von den eigentlichen, den technischen, Problemen des Schiffsbaus ist bei Le Corbusier nicht die Rede. Aber so stark seine Ästhetisierung der Technik war, so groß waren die Hoffnungen, die er auf sie setzte: *Ein ernsthafter Architekt, der als Architekt (Schöpfer von Organismen) einen Ozeandampfer betrachtet, wird in ihm die Befreiung von jahrhundertelanger fluchbeladener Knechtschaft erkennen . . . Das Haus der Landratten ist Ausdruck einer veralteten Welt von kleinem Ausmaß. Der Ozeandampfer ist die erste*

Dachgarten mit Abstellkammer der Villa Stein in Garches, 1927

Etappe auf dem Weg zur Verwirklichung einer neuen Welt, die dem neuen Geist entspricht.[70] Bei solcher Begeisterung ist es nicht mehr befremdend, wenn der Wohnraum der Villa Stein den Eindruck eines Decks macht und die Aufbauten der Dachterrasse Erinnerungen an eine Kommandobrücke wachrufen.

Fast noch stärker als die Ozeandampfer fesselten Le Corbusier die Automobile, und zwar vor allem wegen ihrer Karosserie, weniger wegen des Motors. Ihr damaliges Aussehen kam seinen Neigungen schon deshalb entgegen, weil die einzelnen Teile noch nicht unter einer ärodynamischen Hülle verborgen, sondern je für sich, Stück für Stück, hervorgehoben waren: Über dem Rad der Kotflügel, darüber die Werkzeugkisten, dann das Trittbrett, die Tür, die Kühlerhaube usw. – alle so gebildet, daß sie sich geometrischen Formen näherten, ohne jedoch die Hand des formenden Designers zu verleugnen. *Alles verkündet mit Überzeugung und Begeisterung: Die Limousine ist das Wahrzeichen für den Stil unserer Zeit.*[71] Auch andere, zum Beispiel die Futuristen, waren damals vom Verkehr und seinen Maschinen fasziniert, aber während sie darin eine zerstörerische, alles Alte fortreißende Macht begrüßten, glaubte Corbusier eine Wiederbelebung derjenigen Prinzipien zu erkennen, die auch in der Vergangenheit schon große Kunst hervorgebracht hatten: *Deshalb wollen wir hier Parthenon und Auto nebeneinander vorführen, damit man erkennt, daß es sich hier um zwei Ausle-*

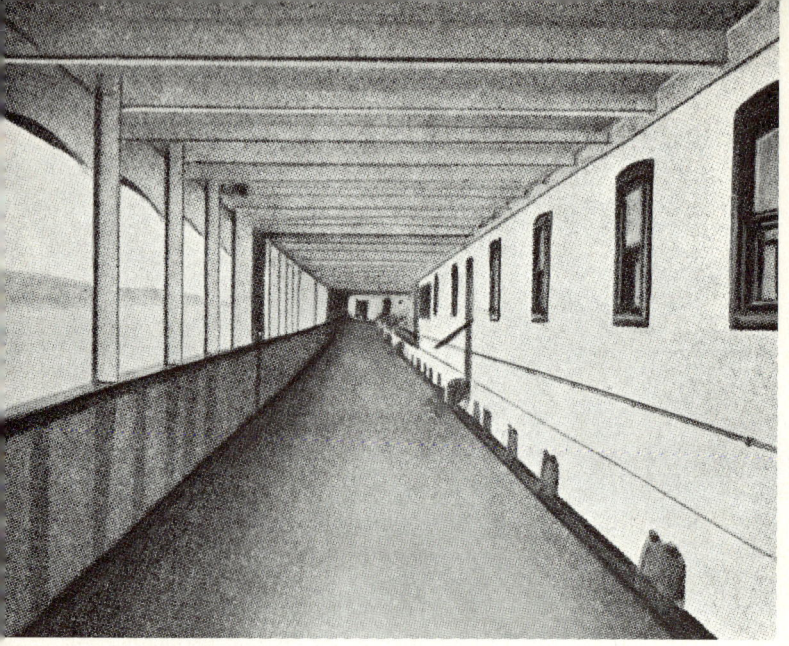

Deck der «Aquitania», aus «Vers une architecture»

seprodukte aus zwei verschiedenen Gebieten handelt, das eine vollendet, das andere auf der Bahn des Fortschritts ... Wir brauchen also mithin nichts anderes zu tun, als unsere Häuser und Paläste mit den Autos zu vergleichen. Und da stimmt es eben nicht mehr, da stimmt überhaupt nichts mehr.[72] Wo Le Corbusier eigene Häuser diesem Vergleich aussetzte und mit Autos zusammen abbildete, ist schnell zu erkennen, daß es ihm weniger um die Übernahme von Einzelformen zu tun war als um Gemeinsamkeiten in der Gestaltungsweise wie das Ausgliedern und sichtbare Neu-Zusammenfügen von Einzelfunktionen (vgl. S. 33).

Der Bereich von Technik, für den sich Le Corbusier begeisterte, war keineswegs der der Produktion, sondern der eines gehobenen Konsums. Nicht die Herstellung der bewunderten Gebilde war ihm wichtig, sondern ihr Aussehen und ihr Gebrauch. Anders als die sowjetischen Konstruktivisten interessierte er sich nicht für Fördertürme und Kräne, sondern für Ozeandampfer, Schlafwagen und Limousinen, für Erzeugnisse also, die zu einer sozialen Sphäre gehörten, in der die Verfügung über technischen Komfort selbstverständlich geworden war. Es war der Lebensbereich der gleichen technisch-künstlerischen Elite, die auch in seinen soziologischen Vorstellungen das Leitbild stellte, denn um 1920 hatten nur Minderheiten Zugang zu den Geräten, die für Corbusier modernes und freies Leben verkörperten: *Die Kleidung, den Füller, die Ra-*

sierklinge, die Schreibmaschine, das Telefon, die wundervollen Büro-
möbel, die Spiegelgläser von Saint-Gobain und die «Innovation»-Kof-
fer, den Gilette-Rasierapparat und die englische Pfeife, den Melonenhut,
*die Limousine, den Ozeandampfer und das Flugzeug.*73

VORBILDER: Dem Kapitel über die Technik folgt in *Vers une architecture*
eines über die Baukunst der Vergangenheit, denn die *ägyptische, grie-*
chische oder römische Architektur ist Baukunst aus Prismen, Würfeln
und Zylindern, Triedern oder Kugeln . . . Die Pyramiden, die Türme von
Babylon, die Tore von Samarkand . . . die Hagia Sophia in Konstantinopel,
die Moscheen von Stambul, der Turm zu Pisa, die Kuppeln Michelange-
los und Brunelleschis, der Pont-Royal und das Hôtel des Invalides in
*Paris – das ist Baukunst.*74

Neben solchen formalen Kriterien, die die Architektur der Vergangenheit der seinen vergleichbar machten, gab es für Le Corbusier aber
auch noch einen zweiten wichtigen Gesichtspunkt: die geistige und soziale Haltung, die er in den Bauten früherer Epochen ausgedrückt
glaubte. Am Beispiel Roms wird der Nachweis versucht, daß Bauen
schon immer auch Ordnen gewesen sei. *Baukunst heißt, mit rohen Stof-*

Wohnraum der Villa Stein

fen Beziehungen herstellen, die uns anrühren ... Geist der Ordnung, Einheit des Gestaltungswillens.[75] Architektonische Ordnung wird dabei eng mit der politischen zusammengesehen, fast so, als könne sie zu deren Rechtfertigung dienen: *Rom ließ es sich angelegen sein, die Welt zu erobern und zu verwalten. Strategie, Bewirtschaftung, Gesetzgebung: Geist der Ordnung ... Die römische Ordnung ist eine einfache, eine kategorische Ordnung. Ist sie gewalttätig – um so schlimmer oder um so besser.*[76] Eine analoge *Kraft der Intention* fand Le Corbusier auch in der römischen Architektur, *Kraft der Intention, Klassifizierung der Bauelemente beweisen eine ganz bestimmte geistige Haltung: Strategie, Gesetzgebung. Die Baukunst ist für solche Absichten empfänglich, sie zeigt sich erkenntlich. Das Licht umschmeichelt die reinen Formen: Sie leben. Die einfachen Baukörper entfalten riesige Flächen, die ausgeprägten, mannigfaltigen Charakter zeigen, je nachdem, ob es sich um Kuppeln, Gewölbe, Zylinder, rechtwinklige Prismen oder um Pyramiden handelt ... Pantheon, Kolosseum, Aquädukte, Cestius-Pyramide, Triumphbögen, Konstantinsbasilika, Thermen des Caracalla. Keine Phrasen, dafür Ordnung, Einheit der Idee, Kühnheit und Einheit der Konstruktion, Verwendung der elementaren Körperformen. Eine gesunde Ethik.*[77]

Im byzantinischen Rom glaubte er dann einen zweiten wichtigen Schritt verwirklicht, das Abstecken und Abmessen von Entfernungen und Räumen. *Baukunst ist nicht nur Kunst des Ordnens, schöne Prismen unter dem Licht. Es gibt etwas, was uns besonders entzückt, und das ist das Maß. Messen, Aufteilen in rhythmische Größen, alle vom gleichen Atem belebt, überall einheitliche und subtile Beziehungen walten lassen, ein Gleichgewicht herstellen, die Gleichung lösen.*[78]

Im Ordnen, Disponieren und Verfügen, aber auch im Raffen, Ballen und Konzentrieren äußert sich die Schöpfungsmacht des Architekten, die in Michelangelo ihren Höhepunkt erreicht. Immer wieder ist es bei Corbusier der Architekt, der entscheidet, nicht der Bauherr und nicht die Aufgabe. Die Durchbildung der Form, *frei von jedem Zwang*, gilt als der Prüfstein: *Es handelt sich dabei nicht mehr um Herkommen oder Überlieferung, noch um konstruktive Verfahren, noch um Anpassung an die Bedürfnisse des Gebrauchs. Die Durchbildung der Form ist reine Schöpfung des Geistes; sie ruft den gestaltenden Künstler auf den Plan.*[79] Die Geometrie der Durchformung des Parthenons wird auf *Leidenschaft, Großzügigkeit, Seelengröße*[80] des Phidias zurückgeführt. Während man jedoch Malerei und Skulptur als Schöpfungen des Geistes anerkenne, drücke man die Baukunst auf *nützliche Zwecke hinunter: Boudoirs, WC, Heizungen, Eisenbeton oder Gewölbe oder Spitzbögen. Das sind Sachen der Konstruktion, das gehört nicht zur Baukunst. Von Baukunst kann man erst dann sprechen, wenn poetisches Gefühl vorhanden ist.*[81] Dieses wiederum wirke nicht über die Vernunft, sondern über Empfindungen, die Le Corbusier durch *unbestreitbare, unabweisbare, heute fast vergessene physische Bedingungen ausgelöst* glaub-

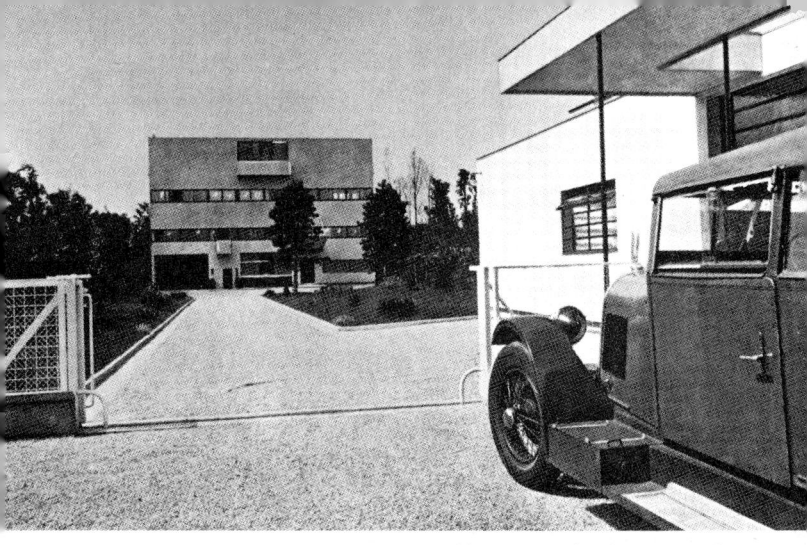

Villa Stein. Rechts das Pförtnerhaus

te. Wahre Architektur rühre *durch ihre Sachlichkeit unsere stärksten Urinstinkte an* und wende sich gleichzeitig *durch ihre Abstraktion an unsere höchsten Fähigkeiten.* Sie ist nicht nur *zur Erhabenheit fähig,* sondern kann sogar die Wirklichkeit zur Emanation des Geistes transformieren, denn die *architektonische Abstraktion hat das Eigentümliche und Großartige an sich, daß sie, im rohen Tatsächlichen wurzelnd, dieses vergeistigt; denn die rohe Tatsächlichkeit ist nichts anderes als Stoffwerdung, als Symbol für die mögliche Idee. Die rohe Tatsächlichkeit wird nur durch die Ordnung, die man in sie hineinträgt, durchlässig für die Idee.*[82]

Hier werden, in einer für Le Corbusier sehr bezeichnenden Weise, Elemente einer dem 18. Jahrhundert entlehnten materialistisch-sensualistischen Wahrnehmungsästhetik als Argumente für eine in fast naiver Weise idealistische Auffassung von den Möglichkeiten der Architektur verwendet. Eine gründliche Untersuchung könnte wahrscheinlich für alle Einzelgedanken Le Corbusiers ältere Quellen namhaft machen. Aber nicht in diesen Einzelvorstellungen liegt das Charakteristische seines in hohem Maße synkretistischen Denkens, sondern in ihrer spezifischen Verknüpfung. Die Kombination an sich bekannter, jedoch ursprünglich oft heterogener Ideen zu oft verblüffend neuartigen Thesen und Postulaten war sicherlich eine der wichtigsten Ursachen für den Erfolg von *Vers une architecture.* Wichtiger ist allerdings, daß die im ganzen so subjektive Weltanschauung dieses Buchs und die aufs engste mit ihr verbundene Ästhetik nicht nachträgliche Rationalisierung des Gebauten waren, sondern dessen Voraussetzung.

Die Aufgabe: Als Le Corbusier *Vers une architecture* schrieb, beschränkten sich seine praktischen Erfahrungen auf die wenigen Wohnhäuser, die er seit dem achtzehnten Lebensjahr in seiner Heimatstadt gebaut hatte. Zwar konnte er an diese, den verschiedensten Vorkriegsströmungen verpflichteten Bauten nicht unmittelbar anknüpfen, aber es ist verständlich, daß das einzige Kapitel seines Buches, das der Verwirklichung der neuen Prinzipien gewidmet ist, den Wohnungsbau behandelt und nicht etwa Fabriken oder technische Strukturen.

In den Leitsätzen des Kapitels wird noch einmal die Hauptthese des Buches wiederholt: *Ein großes Zeitalter ist angebrochen. Ein neuer Geist ist in der Welt. Die Industrie ... bringt uns die neuen Hilfsmittel, die unserer von dem neuen Geist erfüllten Epoche entsprechen ... Das Problem des Hauses ist ein Problem der Zeit. Das Gleichgewicht der Gesellschaftsordnung hängt heute von seiner Lösung ab. Erste Pflicht der Architektur in einer Zeit der Erneuerung ist die Revision der geltenden Werte, die Revision der wesentlichen Elemente des Hauses.*[83]

Dieser Pflicht könne nur ein auf Analyse und experimentelle Forschung gegründeter Serienbau genügen. *Die Großindustrie muß sich des Bauens annehmen und die einzelnen Bauteile serienmäßig herstellen.*[84] Von den ökonomischen und technologischen Voraussetzungen, die dafür erforderlich wären, hört man bei Le Corbusier jedoch wenig. Für ihn war im wesentlichen alles eine Frage der geistigen Einstellung: *Wenn man aus seinem Herzen und Geist die starr gewordenen Vorstellungen vom Haus reißt und die Frage von einem kritischen und sachlichen Standpunkt aus ins Auge faßt, kommt man zwangsläufig zum Haus als Werkzeug, zum Typenhaus, das gesund ist (auch sittlich gesund) und ebenso schön wie die Werkzeuge der Arbeit, die unser Dasein begleiten. Schön außerdem dank der Beseelung, die künstlerischer Sinn strengen und reinen Werkzeugen vermitteln kann.*[85] Im Grunde ratifizieren aber auch die neue geistige Einstellung und die künstlerische Beseelung nur Entwicklungen, die sich, weil unwiderstehlich, auch ohne sie vollziehen würden. Dem Preis des alles verändernden Geistes folgt das Eingeständnis von dessen Ohnmacht auf dem Fuße: *Alles ist noch zu tun; nichts ist bereit. Die Spezialisierung ist bisher kaum in den Bereich des Bauens vorgedrungen. Es gibt weder Fabriken noch Techniker für die Spezialisierung. Wenn jedoch die geistige Bereitschaft für die Serie entstünde, könnte alles im Handumdrehen auf die Beine gestellt werden. Tatsächlich strebt auf allen Gebieten des Bauens die Industrie wie eine Naturgewalt, wie ein reißender Fluß, der seiner Bestimmung entgegenfließt, ungestüm danach, natürliche Rohmaterialien umzuwandeln und das, was man «neue Stoffe» nennt, zu produzieren.*[86]

Wie fast immer bei Le Corbusier lebt die Beschwörung der Zukunft aus der Polemik gegen das Bestehende. Nach den Erfahrungen der letzten Jahrzehnte hat diese Polemik viel von ihrer Kraft verloren, zu ihrer Zeit aber muß sie von beißender Schärfe gewesen sein. *Vor der ungeheuren Aufgabe, alles wiederaufzubauen, warf man sich in volle Ritterrüstung und lieh sich bei Pan die Flöte aus, und man spielt auf ihr in den Komitees und in den Kommissionen. Alsdann faßt man Beschlüsse. Dieser zum Beispiel verdient zitiert zu werden: einen Druck auf die Gesellschaft der Eisenbahnen im Nordbezirk auszuüben, um sie zum Bau von dreißig Bahnhöfen in verschiedenen Stilen an der Linie Paris–Dieppe zu verpflichten, weil jeder der dreißig, von den Schnellzügen verqualmten Bahnhöfe seinen eigenen Hügel und seinen besonderen Apfelbaum hat, die so gut zu ihm passen und seinen Charakter, seine Seele ausdrükken.*[87]

Die neuen Kommissionen und Komitees, auf die Le Corbusier seine Hoffnung setzte, sollten das Wohnungsproblem auf ganz andere Weise lösen: *Die Bauplätze werden riesengroß sein und wie Verwaltungen betrieben und ausgenutzt werden. Die Siedlungen in den Städten und Vorstädten werden weiträumig und rechtwinklig und nicht mehr so verzweifelt unförmig angelegt sein; sie werden die Anwendung von Serienbau und Industrialisierung der Baustelle erlauben.*[88] Faktisch bereits vorhandene Tendenzen, wie die zur Rationalisierung des Bauwesens, hat Le Corbusier nicht nur aus wirtschaftlichen Gründen begrüßt, sondern auch deshalb, weil sie einer neuen Ästhetik den Weg zu bahnen schienen. Andererseits aber konnte diese Ästhetik, mitsamt ihren ethischen Implikationen, bei einem solchen Bündnis auch zum Mittel werden, objektive Zwänge baukünstlerisch zu verklären. So hat Le Corbusier durchaus erkannt, daß sich die von ihm erstrebte Serienbauweise auch auf das Leben der Bewohner auswirken würde: *Eine serienmäßig hergestellte Siedlung von guter Anordnung würde einen Eindruck von Ruhe, Ordnung und Sauberkeit auslösen und ihren Bewohnern unweigerlich Disziplin beibringen.*[89]

ENTWICKLUNGSSTUFEN: Den wichtigsten Einschnitt bei seiner Wohnarchitektur sah Corbusier selbst in der Entdeckung des Dominoprinzips, die er einer Intuition zuschrieb. *Die Intuition arbeitet mit unerwarteten Erleuchtungen. Hier zum Beispiel im Jahre 1914 die reine und totale Konzeption eines ganzen Bausystems, das alle Probleme ins Auge faßt, die in der Folge des Krieges entstehen werden und die die gegenwärtige Situation (= 1929) wieder aktuell gemacht hat.*[90] Das Wichtige am Dominosystem war nicht das Technische, sondern die Radikalität, mit der Corbusier aus der durch den Stahlbeton möglich gewordenen Skelettbauweise ästhetische Konsequenzen zog. *Ein Gerippe, völlig unabhängig von der Aufgabe des Hausgrundrisses: dieses Gerippe trägt die Deckplatte und die Treppe. Es wird aus Standardelementen hergestellt, die miteinander kombinierbar sind, was eine große Verschiedenheit in der Gruppierung der Häuser ermöglicht.*[91] Hinzu kommt die ungleich größere Freiheit bei der Aufteilung des Innern und bei der Gestaltung

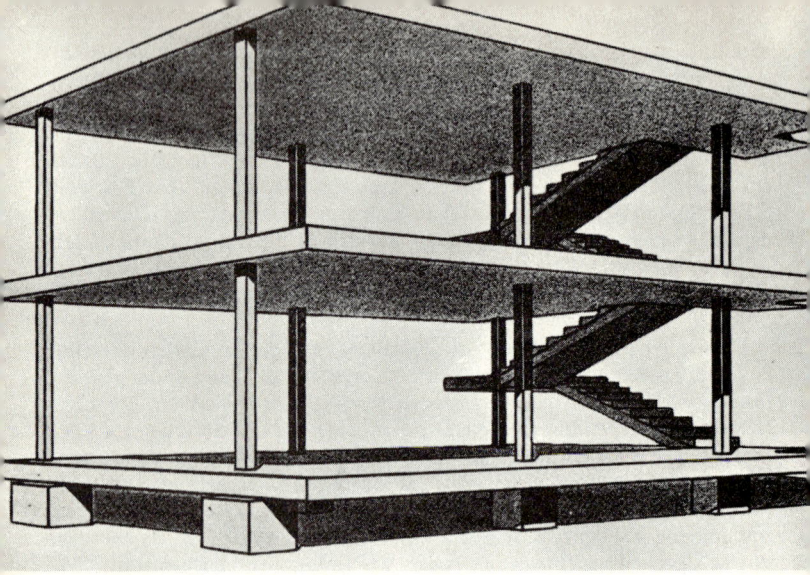

Standard-Skelett «Dom-ino», 1914

der Außenwände, die sich daraus ergab, daß die Wände bei dieser Bauweise nicht mehr tragen, sondern nur noch abgrenzen mußten. Später wurde das Programm noch durch Dachgärten erweitert, und die untere Platte wurde vom Boden abgehoben, doch handelte es sich in beiden Fällen um Fortentwicklungen des Dominoprinzips, nicht um dessen Preisgabe. Später pflegte Corbusier fünf Punkte hervorzuheben, die er erstmals 1927 kodifiziert hatte: 1. die Stützen, 2. die Dachgärten, 3. die freie Grundrißgestaltung, 4. das Langfenster und 5. die freie Fassadengestaltung.[92]

Die künstlerischen Möglichkeiten einer solchen Bauweise kündigten sich schon 1916 bei dem Salon an, den Le Corbusier für eine «Villa am Meer» entwarf.[93] Nicht ohne Stolz hat er später hervorgehoben, daß die Konstruktion der eines Industriebaus analog gewesen wäre. Wichtiger ist jedoch, daß er es schon damals verstand, die Beschränkung auf ganz wenige Funktionselemente wie Aufenthaltsraum, Terrasse, Verbindungstreppe und Sitzecke nicht als Dürftigkeit und Armut erscheinen zu lassen, sondern als Gewinn an Raum, Licht und Luft.

Die nächsten Schritte führten zu einem Haustyp, der in Anlehnung an die Autofirma Citroën den Namen «Citrohan-Haus» bekam. Die Entstehungsgeschichte hat Corbusier möglicherweise etwas mythologisiert, wenn er berichtet: *Wir essen in einer Kutschergaststätte im Zentrum von Paris: Es gibt den Schanktisch, dahinter die Küche; ein Hängeboden teilt das Lokal der Höhe nach in zwei Teile, das Schaufenster* öffnet sich zur Straße. *Eines schönen Tages entdeckt man dies und bemerkt, daß hier die Beweise für einen ganzen architektonischen Mechanismus vorhanden sind, der auch der Organisation des menschlichen Hauses entsprechen kann. Vereinfachung der Lichtquellen: eine einzige große Öffnung an jedem Ende; zwei tragende Seitenmauern; darüber ein flaches Dach: eine veritable Schachtel, die als Haus dienen kann.* Dieser, 1920 erstmals fixierte Gebäudetypus ... repräsentiert eine bemerkenswerte Manifestation der Architekturästhetik. *Sehr präzise Probleme fanden hier revolutionäre Lösungen: den Dachgarten, die Unterdrückung des Gebälks, das Fensterband, das Haus in der Luft, und ... den kategorischen Geist der Reinheit, der Ehrlichkeit, der Offenheit.*[94] Den Namen verstand Corbusier symbolisch: ... *ein Haus wie ein Auto, konzipiert und eingerichtet wie ein Autobus oder eine Schiffskabine. Die tatsächlichen Notwendigkeiten des Wohnens können präzisiert werden und verlangen eine Lösung ... Man muß das Haus wie eine Maschine oder ein Werkzeug zum Wohnen betrachten ... Bisher machte man aus dem Haus eine wenig kohärente Gruppe von zahlreichen großen Sälen, in denen es immer zuviel und zuwenig Platz gab.*[95] Dagegen hätten der Eisenbahnwagen und die Limousine bewiesen, *daß der Mensch auch beschränkte Öffnungen passieren kann, die bis auf den Quadratzentimeter kalkulierbar sind.*[96] Aber selbst wenn man den architektonischen Anspruch zurücknehme und die Zahl der umbauten Kubikmeter auf die Hälfte reduziere, könne ein zeitgemäßes Schönheitsverlangen zu seinem Recht kommen. *Die Proportion kostet nur den Architekten etwas, nicht den Bauherrn. Das Herz wird nur dann ungerührt werden, wenn die Vernunft befriedigt ist, und das kann nur ge-*

Salon der «Villa am Meer», 1916

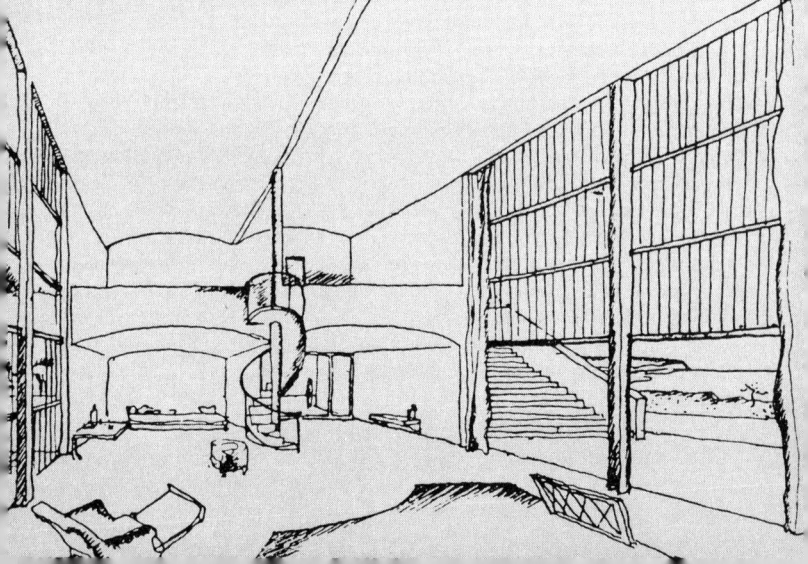

schehen, wenn die Dinge genau berechnet sind. Niemand muß sich schämen, ein Haus ohne spitzen Giebel zu bewohnen, mit Wänden glatt wie Blech und Fenstern wie die einer Fabrik. Im Gegenteil, man kann stolz sein, ein Haus zu besitzen, das so schön ist wie die eigene Schreibmaschine.[97] Auch bei der Arbeit am Serienhaus standen für Le Corbusier die künstlerischen Fragen an erster Stelle. Als ein Citrohan-Modell 1924 ausgestellt wurde, verstand er dies als eine Gelegenheit, das Problem einer architektonischen Ästhetik des Eisenbetons vor die Öffentlichkeit zu bringen. Es sind sehr ernste Momente, wenn man sich alles verbietet, was unorganisch sein könnte und sich statt dessen bemüht, in lyrischer Weise die Möglichkeiten einer neuen Technik darzustellen und dem Bewohner mittels der neuen Techniken gänzlich neue Elemente des Wohnens zu schaffen.[98] Seine Architektur sollte also ein neues Wohnen nicht nur ermöglichen, sondern auch darstellen.

Wie sehr sich Corbusier in diesem Punkt auch von anderen modernen Architekten seiner Zeit unterschied, zeigte 1927 die Ausstellung des Deutschen Werkbundes in Stuttgart, die, so ihr Leiter Mies van der Rohe, verschiedenen Persönlichkeiten Gelegenheit geben sollte, zum Problem des Wohnens Stellung zu nehmen. Le Corbusier war mit zwei Häusern vertreten, von denen das kleinere dem Citrohan-Typ folgte, während das größere ein Doppelhaus war. Ihre Sonderstellung wird schon in den Grundrissen erkennbar, die im Vergleich zu denen der anderen Stuttgarter Häuser entweder beträchtlich größere Räume zeigten oder aber beträchtlich kleinere. Einem großen Lebensbereich auf der einen Seite traten kleine Nebenzimmer gegenüber. Das Citrohan-Haus bot einen großräumigen Saal, in dem man, im Wohlgefühl der großzügigen Dimensionen ... und des einströmenden Lichtes, den ganzen Tag verbringt. Davon abgetrennt gab es kleine Boxen, die Funktionen von kürzerer Dauer zugewiesen sind[99]. Bei dem Doppelhaus konnten die großen Wohnräume während der Nacht durch Wandschirme (im Grundriß gestrichelt) in kleine Kabinen verwandelt werden. Tagsüber ist das Haus von einem Ende zum anderen offen, eine große Halle. In der Nacht befindet sich alles zum Schlafen Nötige ... in Reichweite: verborgen in den Wandschränken, die jeder Zelle zugeordnet sind. Ein kleiner Seitenkorridor, der exakt so bemessen ist wie die der Internationalen Schlafwagengesellschaft[100], verbindet die Räume untereinander und mit der Toilette. Die Diensträume sind zwischen die Stützen des Erdgeschosses gelegt, während sich das Arbeitszimmer, in dem die Stille zur Meditation führen können muß, sich im obersten Stock, beim Dachgarten befindet. Dieser Dachgarten ist ein authentisches neues architektonisches Ereignis, eine Quelle des Charmes und der Poesie, ein großartiger, kostenloser Luxus.[101]

Kein Architekt hat in Stuttgart so viel Widerspruch provoziert wie Le Corbusier. Die Ausfälle gegen ihn waren meist erfüllt von Unverstand und blindem Haß, aber in einigen Fällen verrät sich in ihnen eine tiefere Einsicht in die Besonderheit seiner Häuser als in den Texten der Verteidiger. Besonders die Leichtigkeit und Offenheit stießen auf Widerstand, verletzten sie doch ein «Urgefühl der Menschheit, das nur mit ihr selbst untergehen kann, trotz Tanzdiele, trotz Radio, Kino und Charleston und der großen Glasfenster Le Corbusiers»[102]. Einem konservativen Kritiker war das «Haus auf Stelzen ein Symbol für den Mangel an Erdverbundenheit, für ein modernes, entgöttertes Wolkenkukkucksheim. In solchen Häusern können nur Menschen seichter Oberflächlichkeit heranwachsen, die des Lebens Werte auf den Spitzen ihrer Finger tragen.»[103] Ressentiment durchtränkt auch den folgenden Text, dessen Kritik allerdings einen wesentlichen Punkt trifft: «Wenn der Wohntypus dem Menschentypus entsprechen soll, so kann man sich als Bewohner der Corbusierschen Häuser nur eine bestimmte Art von Intellektuellen denken ... welche unbeschwert von ‹historischem Ballast›, unsentimental, freizügig und heimatlos, von allen Bindungen sich lö-

Gipsmodell des «Citrohan-Hauses», 1922

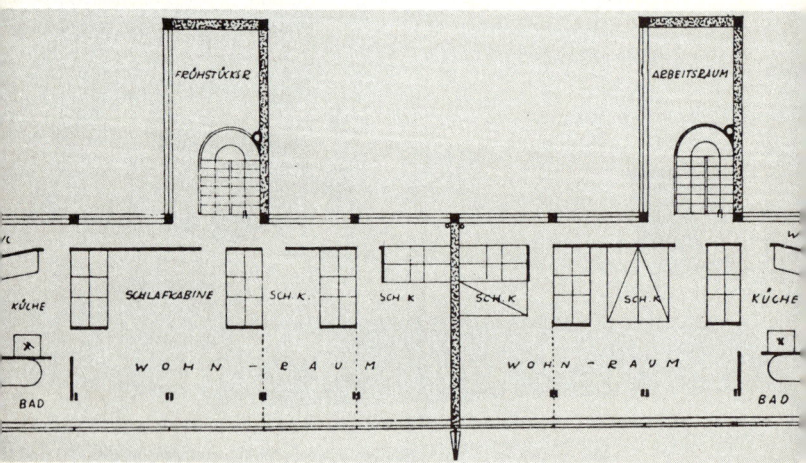

Doppelhaus in Stuttgart, 1927

Grundriß des Wohngeschosses

send, solch ein Nomadenzelt aus Eisen und Beton vielleicht bewohnen möchten, das trotz seiner materiellen Härte nicht fest und schwer mit der Erde verwachsen und verwurzelt, nicht bodenständig ist ... Gewiß, der Intellektuelle ist eine Form des heutigen Menschen, aber ist er der Typus, dessen Ansprüche und Bedürfnisse die Form des Wohnungsbaus bestimmen sollen?»[104]

DIE VILLA IN POISSY: Es würde den Rahmen dieses Versuchs sprengen, wollte man die Häuser Corbusiers aus den zwanziger Jahren in der Ausführlichkeit behandeln, die sie eigentlich verdienten. Nur eines von ihnen kann, stellvertretend, etwas eingehender kommentiert werden. Ausgewählt wurde mit der Villa Savoie in Poissy vielleicht nicht das beste dieser Häuser, wohl aber dasjenige, bei dem Corbusier am freiesten arbeiten konnte. *Die Villa wurde in der größten Einfachheit für Klienten gebaut, die völlig frei waren von vorgefaßten Ideen, alten wie neuen. Ihr Gedanke war einfach: sie besaßen einen großartigen, von Wald umgebenen Park. Sie wollten auf dem Lande leben. Sie waren durch 30 km Autofahrt mit Paris verbunden ... Das Haus brauchte keine Fassade. Auf der Höhe einer Hügelkuppe gelegen, muß es sich den vier Horizonten öffnen.*[105]

Nachdem der Besucher das ebenfalls von Corbusier entworfene Pförtnerhaus passiert hat, befindet er sich vor einem viereckigen, auf Stützen ruhenden Gehäuse. Unter dem Wohngeschoß erkennt er Räume, die eher technischen Charakter haben, und über dem Wohngeschoß lassen Aufbauten einen Dachgarten vermuten. Für einen Gast der Erbauungszeit gab es kaum etwas, das ein solches Gebilde als anspruchsvolles Landhaus identifiziert hätte. Auch wenn er mit den Formen der sich gerade etablierenden modernen Architektur vertraut gewesen wäre, hätte er wenig mehr erschließen können als die Tatsache, daß sich die drei Stockwerke in der Nutzung unterscheiden würden. Nicht einmal der Zugang war klar, denn zunächst sind weder Türen noch Treppen zu sehen. Die Zufahrt führt unter das Haus, und erst dort erkennt der Gast, daß er an der Kehre aussteigen und durch eine Metalltür das Haus betreten kann, während die Garage daneben, die über drei Stellplätze und ein Chauffeurszimmer verfügt, seinen Wagen aufnimmt.

Das Vestibül muß für einen zeitgenössischen Besucher mindestens ebenso irritierend gewesen sein wie der Außenbau, denn es war ja noch nicht einmal ein in sich geschlossener Raum. Man sieht die Stützen des konstruktiven Skeletts und die Wände einiger Räume von anscheinend technischer Funktion, über die aber nichts Näheres auszumachen ist. Dafür ist eine Wendeltreppe, die von unten ins Wohngeschoß führt, in ungewöhnlicher Weise hervorgehoben. Auch sie ist Instrument zur Benutzung des Hauses, aber dank ihrer formalen Eleganz ist sie zugleich auch Schmuck. Daß dieses Haus Werkzeug ist, eine «Maschine zum Wohnen», wird zum vielfach paraphrasierten architektonischen Thema:

Villa Savoie in Poissy. Zeichnung, 1929–31

In der Tradition begründete Erwartungen werden dabei immer wieder enttäuscht, aber auch an Überraschungen ist kein Mangel. Die Wendeltreppe, sonst verborgen und den Dienstboten zugewiesen, ist frei in die Mitte des Vestibüls gesetzt, während andererseits die herkömmliche Freitreppe zur Rampe reduziert wurde. Der Urheber dieser Umwertungen ist eindeutig der definierende und ordnende Architekt, dessen Phantasie nicht nur für die Formen verantwortlich ist, sondern auch für die Neudefinition der verschiedenen Aufgaben.

Steigt man über die Rampe nach oben, dann trifft man nicht auf eine große Halle oder auch nur einen breiten Flur, sondern wiederum auf die Wendeltreppe. So kurz dieser Weg ist, so reich ist er an Eindrücken, die allerdings weder durch Fotos noch durch Zeichnungen eingefangen werden können. Le Corbusier hat in diesem Zusammenhang von dem neuen Erlebnis der *promenade architecturale*, des architektonischen Spaziergangs, gesprochen: *Unmerklich steigt man auf einer Rampe empor, was eine völlig andere Sinneserfahrung ergibt als bei einer aus Stufen gebildeten Treppe.*[106] Er folge einer kostbaren Lehre der arabischen Architektur: *Sie erschließt sich beim Gehen, durch die Füße. Gehend, in der Bewegung, sieht man, wie die Ordnungen der Architektur sich ent-*

falten. Das ist ein Gegenprinzip zur Architektur des Barock, die aus vorgefaßten fixen Ideen und auf dem Papier konzipiert wurde. Er, Le Corbusier, ziehe die arabische Lösung vor und biete in Poissy eine *echte Architekturpromenade, die fortwährend wechselnde, unerwartete und manchmal verblüffende Ausblicke eröffnet* [107]. Die ästhetische Erfahrung des Hauses ist zwar mit der Benutzung nicht unbedingt synchron, aber doch insofern auf diese bezogen, als das Funktionieren des Hauses auch dessen baukünstlerisches Thema ist.

Wie meistens bei Le Corbusier ist auch in Poissy der Platz für kurzfristige Nutzungen reduziert, während der Wohnbereich ungewöhnlich großzügig bemessen ist. Dieser Bereich besteht aus dem eigentlichen Wohnzimmer und der anschließenden Terrasse, die durch große, verschiebbare Glaswände gegeneinander geöffnet sind. Da die Außenwand des Wohnzimmers auch um diese Terrasse herumgeführt ist, bleiben Terrasse und Zimmer einander anschaulich kommensurabel. Die umgebende Landschaft erscheint schon wegen der gleichförmigen Fenster primär als Folge außerhalb liegender Bilder; zu einer engeren Verbindung oder gar zu einem Übergang kommt es nicht. Dafür entstehen jedoch innerhalb der umschließenden Mauer räumliche Zwischenformen, bei denen Offen und Geschlossen nicht Gegensätze sind, sondern die Endpunkte einer breiten Skala von Möglichkeiten.

Wer in Poissy seine *promenade architecturale* vom Wohngeschoß

Doppelter Zugang zum Wohngeschoß über die Rampe und über die Treppe in der Villa Savoie

Villa Savoie, Poissy: Blick vom Wohnzimmer zur Terrasse

aus auf der nun ins Freie verlegten Rampe fortsetzt, kommt bald an den
Wendepunkt, von dem aus Wohnzimmer und Solarium gleichermaßen
eingesehen werden können. Im Unterschied zu einem Modell [108], bei
dem es farbig abgesetzt war, wirkt das Solarium heute dank des gleich-
mäßig weißen Putzes nicht als Aufsatz, sondern als Fortsetzung und
Erweiterung des Hausinnern. Die frei geformten Trenn- und Schutz-
wände erinnern noch einmal an die definierende und gestaltende Tätigkeit des Architekten. Anders als noch in der Villa Stein sind diese Wände frei von expliziten Zitaten und so weit integriert, daß sie nicht mehr
als Einzelformen aufgefaßt werden. Eine wichtige Rolle hat dabei das
Licht. In den Häusern dieser Jahre war es für Le Corbusier anscheinend
weit mehr als nur eine Ergänzung oder Beleuchtung des Gebauten. Vielmehr war es ein wesentliches und allen Teilen gemeinsames Element
seiner Häuser, von dem er wohl hoffte, daß es auf das Leben in ihnen
zurückwirken würde.

Die traditionelle Auffassung vom Innern des bürgerlichen Hauses als
eines nach außen abgeschirmten Bereichs, dessen Physiognomie mit Begriffen wie «Glut und Schimmer», «das störende Fenster», «der innere
Orient» und «horror vacui» charakterisiert werden konnte [109], ist der
Begeisterung für Sport und ein Leben im Freien gewichen. Auch damit
stand Le Corbusier nicht allein. In Italien heißt es schon 1920, Fu-

turist im Leben sei, «wer das Leben im Freien, den Sport und die Gymnastik liebt und täglich die geschmeidige Kraft des eigenen Körpers pflegt»[110], und 1929 veröffentlichte Siegfried Giedion eine Broschüre «Befreites Wohnen», in der es heißt: «Wir brauchen heute ein Haus, das sich in seiner ganzen Struktur im Gleichklang mit einem durch Sport, Gymnastik, sinngemäße Lebensweise befreiten Körpergefühl befindet: leicht, lichtdurchlassend, beweglich. Es ist nur eine selbstverständliche Folge, daß dieses g e ö f f n e t e Haus auch eine Widerspiegelung des heutigen seelischen Zustands bedeutet. Es gibt keine isolierten Angelegenheiten mehr. Die Dinge durchdringen sich.»[111] Luft und Sonne wurden zu Symbolen einer modernen, zeitgemäßen Lebensweise, die in den Solarien von Le Corbusiers Häusern nicht nur funktional ermöglicht, sondern auch baukünstlerisch gefeiert wird.

SIEDLUNGSHÄUSER: Im Unterschied zu vielen Architekten seiner Zeit hat Le Corbusier beträchtliche Anstrengungen unternommen, die Erfahrungen und Ergebnisse aus dem Villenbau auch für andere Aufgaben fruchtbar zu machen. So wollte er zwischen Siedlungshäusern und Villen keinen prinzipiellen Unterschied anerkennen, da er, seinen anthropologischen und soziologischen Vorstellungen treu, im Hausbau eine zumindest im Prinzip für alle Orte und Schichten gleichartige Aufgabe sah. Die Bewährungsprobe kam mit der 1925 geplanten und trotz größter Hindernisse in den folgenden Jahren auch gebauten Siedlung in Pessac bei Bordeaux.[112]

Villa Savoie: Solarium

Die Einzelteile waren genormt, für das Ganze aber strebte Corbusier nach möglichst großer Vielfalt. Einige der Häuser sind zu Zeilen verbunden, während andere wie Villen nebeneinanderstehen. Schon von der Straße aus konnte man in Pessac sehen, daß Corbusier auch dem Siedlungsbau Außentreppen, Rampen und Dachgärten zugedacht hatte. Innen war die Übernahme solcher Errungenschaften sehr viel schwieriger, aber die Unterscheidung zwischen großzügigen Haupt- und reduzierten Nebenräumen konnte er auch in Pessac vornehmen. Mit der Polychromie kam schließlich auch ein Element ins Spiel, das bei den Villen noch nicht im Vordergrund stand: *Diese Polychromie ist absolut neu. Sie ist im Prinzip rational. Sie ergänzt die architektonische Symphonie um Elemente von extremer physiologischer Macht. Der aufeinander abgestimmte Einsatz der physiologischen Sinneserfahrungen des Volumens, der Oberflächen, der Umrisse und der Farben kann zu einem intensiven Lyrismus führen.*[113]

In ihrem Aussehen und ihrem Sozialcharakter unterscheiden sich die Häuser in Pessac nur unwesentlich von anderen Bauten Corbusiers. Gerade deshalb aber mußte es wohl zwangsläufig zu Konflikten mit den Erwartungen und Vorstellungen derer kommen, die in die Häuser einziehen sollten. Ihnen mußte ja nicht nur der Stil dieser Häuser fremd sein, sondern auch die soziale Sphäre sowie die Lebensformen, aus denen Corbusier seine Architektur entwickelt hatte. Eine neuere Untersuchung[114] hat ergeben, daß auch nicht eines der Häuser seine ursprüngliche Gestalt behielt und die meisten sogar bis zur Unkenntlichkeit verändert sind. Alte Fenster wurden zugemauert und neue wurden eingebrochen, Freitreppen bekamen ein Dach, Rampen wurden durch Treppen ersetzt und flache Dächer durch spitze. Im einzelnen sind die Veränderungen, je nach Geschmack der Hausbewohner, höchst unterschiedlich, in der Summe aber haben sie die Siedlung so verändert, daß sie von anderen kaum noch zu unterscheiden ist.

Nach den Gründen für die vielen Änderungen gefragt, gaben die Hausbewohner sehr verschiedenartige und oft auch widersprüchliche Antworten. Viele fühlten sich durch die Festlegungen des Architekten eingeengt, ohne jedoch immer den Spielraum zu erkennen, der dadurch an anderen Stellen gewonnen wurde. Hielte man sich nur an die Einzeläußerungen, dann wäre Pessac – zumindest aus der Perspektive derer, die dort leben – als Fehlschlag einzustufen. Bei genauerem Zusehen verschiebt sich jedoch diese Bewertung: «Die architektonischen Veränderungen bedeuten letzten Endes ein positives und nicht ein negatives Weiterführen der ursprünglichen architektonischen Konzeption. Denn wenn man Pessac als einen Mißerfolg ansehen wollte, müßte man zugeben, daß gewisse Bedürfnisse des Wohnens nicht befriedigt worden sind. Aber ganz im Gegenteil scheint Pessac diese Bedürfnisse erst offenkundig gemacht zu haben, in dem Maße, in dem es den Bewohnern erlaubte, sie zu befriedigen.»[115] «... ebensowenig wie zwischen den Absichten und den Handlungen des Architekten vollkommene Übereinstimmung

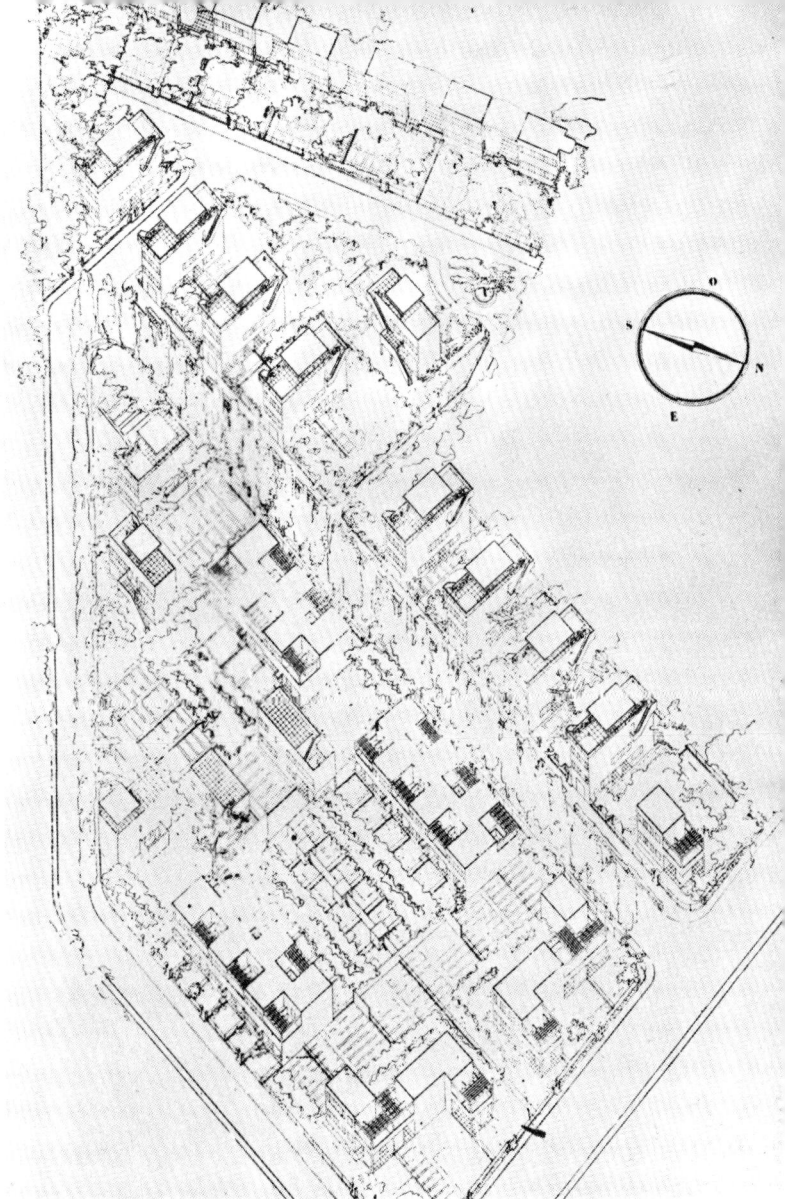

Siedlung Pessac, 1925

besteht, gibt es eine Übereinstimmung zwischen dem tatsächlichen Verhalten der Bewohner und den verbal geäußerten Reaktionen. Und da die Dinge für sich selbst sprechen, ergibt die Beobachtung hinter der Diskrepanz der Sprache . . . eine Übereinstimmung in den Handlungen . . . Diese Übereinstimmung . . . scheint die Folge einer gemeinsamen Kombinatorik der Einwohner und des Architekten beim Spiel der Veränderungen und beim Spiel des Konzipierens zu sein. Die Spielregeln, die Le Corbusier in Pessac vorgeschlagen hat, erwiesen sich als fruchtbar und reich an Möglichkeiten . . . Da Form und Größe der einzelnen Elemente feststanden, blieb nur noch, mit der Anordnung der Elemente zu spielen, was die Einwohner bei den einzelnen Häusern und der Architekt im Maßstab der ganzen Siedlung getan haben.»[116]

Von Geld ist die Rede, von wem noch?

Der Kaiser von Japan . . .

...lud den Mann, von dem hier die Rede sein wird, in sein Land ein und gab ihm den ehrenvollen und kaiserlich entlohnten Auftrag, in Tokio ein großes Hotel zu bauen. Und natürlich wurde auch dieser Bau eine vielbestaunte, revolutionäre Konstruktion. Das Hotel stand gerade ein Jahr, als Japans Hauptstadt von einem fürchterlichen Erdbeben erschüttert wurde. 650 000 Gebäude stürzten ein – das neuartige Hotel war das einzige große Gebäude, das unversehrt blieb!

Der Mann war um diese Zeit schon über 50 Jahre alt und durch seine Baukunst weltberühmt geworden. Nun aber geriet der gefeierte wie umstrittene Architekt in große finanzielle Schwierigkeiten. Eine Weltwirtschaftskrise trug dazu ebenso bei wie grandiose Bauprojekte, die ungeheure Summen verschlangen. Der Mann aber gab nicht auf und konnte später noch die meisten seiner umwälzenden Baupläne verwirklichen. Vieles davon wirkt heute noch modern: Er baute den ersten schmalen Wolkenkratzer in New York, das erste Bürohaus mit Klimaanlage und Stahlmöbeln, das erste Hochhaus mit Glas- und Metallfronten.

Noch im hohen Alter von über 80 Jahren, längst wieder wohlhabend geworden, widmete er sich neuen Bauplänen. Von wem war die Rede?

(Alphabetische Lösung: 23–18–9–7–8–20)

DER PALAST FÜR DEN VÖLKERBUND: Ob Rathaus, Schloß oder Kirche –
Bauten für die jeweils bestimmenden Personen und Institutionen gehörten immer zu den wichtigsten Aufgaben der Architekten und in fast allen Epochen waren es auch diejenigen, die das höchste Ansehen und den
größten Ruhm brachten. In der Vor- und Frühgeschichte der modernen
Architektur hingegen standen Privathäuser und Zweckbauten im Vordergrund. Die öffentliche Baukunst war so gut wie überall fest in der
Hand traditionsgebundener Architekten, weil allein diese auf die breite
Zustimmung rechnen konnten, die für die Auftraggeber öffentlicher Architektur in besonderem Maße wichtig ist. Für die progressiven Architekten mußten die zeitgenössischen Repräsentationsbauten schon aus
diesem Grunde alles Negative verkörpern, wogegen sie kämpften. Le
Corbusier hatte für die «Ville Contemporaine» überhaupt keine als solche erkennbaren öffentlichen Bauten mehr vorgesehen; selbst die Institutionen des Staates hätten dort mit neutralen Geschäftshäusern vor-
lieb nehmen müssen.

Um so erstaunlicher ist, daß sich gerade dieser Architekt mit solchem
Engagement an dem 1926 ausgeschriebenen internationalen Wettbewerb für das Völkerbundsgebäude in Genf beteiligte. Die Vorgänge um
diesen Wettbewerb sind bis heute noch nicht ganz aufgeklärt, aber für
Corbusier war klar, daß seine Niederlage das Ergebnis von Intrigen sei,
er selbst der Märtyrer einer neuen Baukunst. Der eigentliche Grund dieses Verhaltens des Völkerbundes sei gefühlsmäßige Ablehnung auf
Grund vollständigen Nichtverstehens der ganzen *neuen ästhetischen
Konzeption des Gebäudes, die der gegenwärtigen Gesellschaftsentwick-
lung entspricht.* Aber die Regierungen und Diplomaten hätten noch immer eine bedauerliche Neigung für den vergoldeten Zierat längst verbli-
chener Könige.[117]

Seine Aufgabe hatte Le Corbusier darin gesehen, eine Gruppe von Gebäuden zu schaffen, die zusammen eine Einheit bilden: *500 Büros. Ein
großer Saal für 2600 Personen . . . Der Völkerbundspalast dient vier verschiedenen Benutzungsarten: Tägliche Benutzung: das Generalsekretariat mit der Bibliothek. Zeitweise Benutzung: Nichtöffentliche Sitzungen der kleinen Kommissionen und öffentliche Sitzungen der großen
Kommissionen. Vierteljährliche Benutzung: Völkerbundsrat. Jährliche
Benutzung: Generalversammlung des Völkerbundes.*[118] Dabei ergab
sich ein Projekt, bei dessen Beschreibung Corbusier die technischen Angaben in fast naiver Weise mit weltanschaulichen Axiomen und weit-
reichenden Hoffnungen auf Wirkung verknüpfte: *Das wichtigste Problem des Palastes: die vertikalen und horizontalen Verbindungswege im
Gebäude der Großen Ausschüsse und des Großen Sitzungssaales; das
Problem der Struktur eines so großen Saales; das Problem der Augen und
Ohren: Übersichtlichkeit und Akustik an einem Ort an dem sich – wie
beim Turmbau zu Babel – Menschen aller Länder . . . zu Debatten ver-*

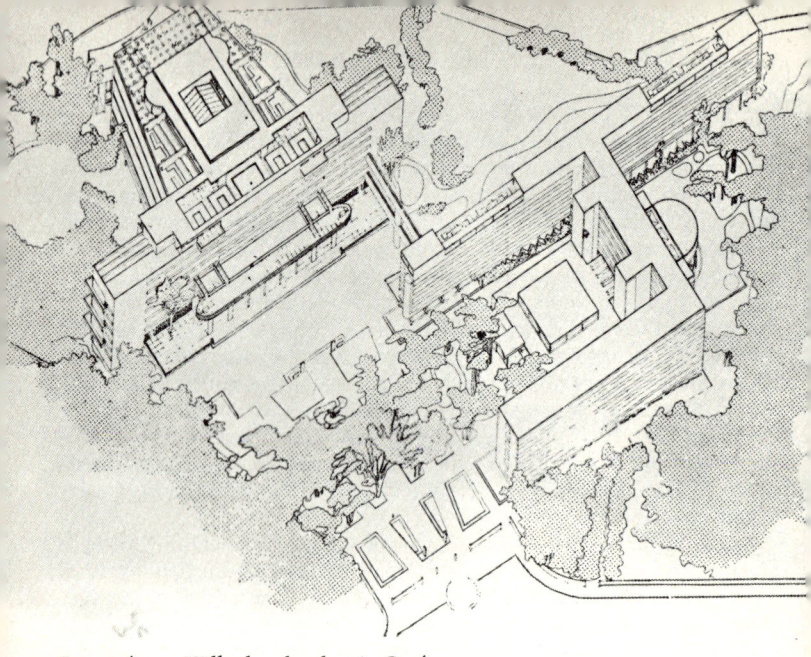

Entwurf zum Völkerbundspalast in Genf, 1927

sammeln, bei denen der Weltfriede auf dem Spiel steht. Der Weg über Ohr und Zunge ist der einzige Weg, den auch Herz und Vernunft nehmen können ... Deutlich sehen, um die Angelegenheiten der Welt entscheiden zu können – den Optimismus der Sonnenstrahlen nutzen.[119]

Der Entwurf war, überraschenderweise, auf Wirkungen aus, die die Tradition öffentlicher Repräsentationsbauten keineswegs grundsätzlich in Frage stellten, sondern nur ins Zeitgemäße transformierten. Le Corbusier wollte die Gesamtanlage in zwei Hauptkomplexe gliedern, von denen der eine das Generalsekretariat und damit die Exekutive des Völkerbundes aufnehmen sollte, während der andere mit der Vollversammlung die Legislative beherbergt hätte. In den beiden Hauptansichten, vom See und von der Straße, ist der Versammlungsbau eindeutig das dominierende Gebäude, was wohl auch als eine politische Überordnung gelesen werden kann. Vom Sekretariat ist in diesen Ansichten jeweils nur ein einzelner Flügel zu erkennen, während sich der Versammlungsbau als geschlossene und fast symmetrische Front darbietet. Erst beim Näherkommen hätte man Einblick in die Disposition des Sekretariats bekommen, für das sogar ein fast schloßähnlicher Ehrenhof vorgesehen war. Trotzdem hätte sich das Völkerbundspalais schon dadurch von älterer Schloßarchitektur unterschieden, daß seine Ordnung nicht auf die

Umgebung ausgestrahlt hätte, sondern von dieser sogar teilweise aufgelöst worden wäre, weil die parkähnliche Bepflanzung bis ins Innere des Hofs den Blick auf die Gesamtanlage zumindest teilweise verhindert hätte. Außerdem sollten die Gebäude der besseren Zirkulation von Fahrzeugen und Fußgängern zuliebe auf Stelzen stehen, was ebenfalls die Monumentalität gemildert hätte, die mit solchen Hofanlagen normalerweise verbunden ist.

Versetzt man sich in die Lage eines potentiellen Besuchers von 1927, dann sind die neuartigen Züge ohnehin sehr viel auffälliger als die traditionellen. Dieser Besucher hätte von einem solchen Bau vermutlich große, fest auf der Erde ruhende, steinerne Baublöcke erwartet, so daß im Kontrast der Eindruck von Technik, Rationalisierung und Modernität für ihn ungleich stärker gewesen wäre als für einen Besucher von heute. Für ihn wäre wohl auch evident gewesen, daß Corbusier den Völkerbund architektonisch nicht als Sitz von Macht und Würde charakterisieren wollte, sondern als Ort von Verwaltungsarbeit.

SOWJETPALAST: Nach den spektakulären Entwürfen für den Völkerbund wurde Corbusier auch bei anderen öffentlichen Bauten zu Rate gezogen. Das mit Abstand bedeutendste dieser Vorhaben war 1931 der Sowjetpalast, der, dem Kreml gegenüber und als Kontrast zu diesem, in Moskau errichtet werden sollte. Neben Walter Gropius, Hans Poelzig, Erich Mendelsohn und Hannes Meyer war in der Gruppe der westlichen Teilnehmer auch Corbusier zu dem ausgeschriebenen Wettbewerb eingeladen worden. Die Bauherren verlangten *einen ausgedehnten Komplex von Sälen, Büros, Restaurants usw., ferner einen 15 000 Zuschauer fassenden Saal für Massenveranstaltungen, dessen Bühne 1500 Darstellern und einer beträchtlichen Anzahl von Requisiten Platz bieten sollte. Dazu noch zahlreiche Räume wie Garderoben ... Vorhallen, Salons und Restaurants aller Art.*[120] *Diese Räume sollten ein durch ein sehr differenziertes Wegenetz erschlossenes «Forum» für die verschiedenen Besuchergruppen (Botschafter, ausländische und sowjetische Journalisten) bilden und diesen die für sie notwendigen Dienstleistungen zur Verfügung stellen.* Ferner war ein besonderer Rundgang für Defilees vorgesehen, der von außen über die Bühne und von der Bühne wieder ins Freie führt. Solche Auflagen können rätselhaft erscheinen, wenn man sich nicht daran erinnert, daß in den Jahren unmittelbar nach der Revolution in der Sowjet-Union immer wieder nach Gelegenheiten gesucht wurde, bei denen sich die Beteiligten durch Festaufzüge, Massenaufmärsche und kollektive Theateraufführungen für sich selbst und für die Zuschauer immer wieder neu als revolutionäre Masse darstellten.[121] Auch für die zahllosen Versammlungen, in denen Tausende zusammenkamen, mußten geeignete Schauplätze gefunden werden. Für den Saal der 15 000 hatte Corbusier sich vorgestellt, daß die Zuhörer durch 120 m breite Türen einströmen: ... *sie haben den Filter der Gar-*

deroben passiert und steigen von dort allmählich zum Großen Saal oder dem Forum auf.[122]

Die größte Schwierigkeit bei der Planung war das Zusammenordnen der verschiedenen Bauteile. Die publizierten Vorentwürfe[123] zeigen, daß die zunächst unabhängig voneinander konzipierten Teile erst Schritt für Schritt zu einer Einheit verbunden werden konnten. Am wichtigsten war zweifellos das Verknüpfen der sechs Versammlungsräume, die Corbusier zuerst nebeneinander anordnen wollte. Die Wende kam, als er sich entschloß, die fünf kleineren zu einer Gruppe zusammenzufassen und dem größten kontrapunktisch gegenüberzustellen. Auf der Höhe des Hauptgeschosses sollten sie dann durch einen Verwaltungstrakt verklammert werden, der *so angelegt war, daß er mit allen anderen Organen des Palastes durch eigene Korridore verbunden war*[124]. Dieser Verwaltungstrakt bildete die Mittelachse des Gesamtkomplexes *von links nach rechts: der Saal für 15 000 Zuschauer, die Plattform für Reden im Freien für 50 000 Zuhörer; die Rednertribüne mit Schallreflektor; das lange Verwaltungsgebäude; zwei Säle mit 500, zwei mit 200 Plätzen, die Bibliothek, die Räume der politischen Komitees und die Bühne, der Saal für 6500 Personen für politische Ver-*

Modell zum Sowjetpalast, 1931

sammlungen, Theateraufführungen, Kino- und Konzertveranstaltungen.[125]

Nur bei Berücksichtigung der komplexen, Innen wie Außen gleichermaßen einbeziehenden Integration verschiedenster Aufgaben können die eigentliche Funktion und der Sinn, den Le Corbusier dem Sowjetpalast geben wollte, faktisch wie symbolisch anschaulich werden – allerdings nicht unmittelbar und nicht allein durch die Architekturformen, sondern erst im Gebrauch: Die Delegierten kommen auf den an den beiden Längsseiten der Anlage entlanggeführten Autobahnen an. *Diese berührt alle Eingänge und sichert damit automatisch eine klassifizierende Aufteilung der Besucher.*[126] Sie werden durch das Wegesystem nach Rang und Aufgabe getrennt, aber dank der Disposition der Anlage können sie einander immer wieder sehen, wobei sie sich trotz verschiedener Wege als Teil einer Gemeinschaft erfahren sollten. Für die Halle vor dem Saal der 6500 wird ausdrücklich hervorgehoben, wie vielfältig die zahlreichen Bewegungen klassifiziert würden, daß *aber jeder von einem Ende bis zum anderen alle sehen kann*[127]. *Auf diese Weise konnten sich die verschiedenen Zuschauerkategorien in der Halle und auch im Saal mit Leichtigkeit sehen, konnten sich aber nicht*

vereinigen.[128] Das Sich-Versammeln sollte nicht nur ermöglicht, sondern auch zum besonderen Erlebnis werden. Man kann sich nun leicht vorstellen, wie sich besonders die Architektur in den Hallen erst dann belebt und erst dann ihren Sinn entfaltet hätte, wenn die Menschen bei der Trennung und beim Zusammenkommen sowie beim Blick durch Glaswände, auf Treppen und von Rampen ihre Zusammengehörigkeit hätten erleben können. Gerade weil dies so offensichtlich Corbusiers Ziel gewesen ist, muß man aber auch auf die Inkonsequenzen und Widersprüche hinweisen, die sein Projekt gerade in dieser Hinsicht zeigt. Die Zeichnungen, die in relativ leeren Hallen nur einzelne oder kleine Gruppen zeigen[129], machen stutzig, und schon die große Bedeutung, die er der hierarchischen Trennung der Delegierten zumaß, ergibt, daß Corbusier das Volk nicht als ein neues historisches Subjekt begriff, sondern als eine Menge, die im Grunde immer eine Ansammlung von einzelnen bleibt – so viele es auch sein mögen. Der für das Innere konstitutive Widerspruch zwischen der Organisation des Wegesystems und der Erfahrung der Zusammengehörigkeit, die Corbusier den Delegierten vermitteln wollte, wäre nur bei der im Zentrum der Anlage placierten Terrasse aufgelöst gewesen, die über zwei Seitenrampen direkt zugänglich sein sollte.

Ein wesentliches Element der sowjetischen Veranstaltungen waren die Bühnenbilder und Festarchitekturen der konstruktivistischen Architekten, die immer wieder technische Konstruktionselemente verwendeten, um die neue Gesellschaft zu symbolisieren, die den Menschen aus

Sowjetpalast: die Halle vor dem Großen Saal, 1931

allen bisherigen Zwängen befreien und sogar die Schwerkraft überwinden werde. Durch Ausstellungen, Publikationen und Filme wurden diese Ideen auch im Westen verbreitet. Sieht man den Entwurf in solchen Zusammenhängen, dann werden zum Beispiel auch die für Le Corbusier ganz ungewöhnlichen Bogenkonstruktionen verständlich, an denen die Versammlungssäle aufgehängt scheinen und die wohl als Hommage an die Architektur des Konstruktivismus aufzufassen sind, dessen Zeit 1931 bereits abzulaufen begann. Auch das Projekt Corbusiers *hatte kein Glück; nachdem es in Moskau großes Interesse geweckt hatte und sogar seine Ausführung ins Auge gefaßt worden war, kam plötzlich ... eine heftige Reaktion: der Sowjetpalast, die Krönung des Fünfjahresplans, sollte im Stil der italienischen Renaissance sein!* [130] Früher hatte Le Corbusier mit einer Mischung aus Ironie und Verständnis kommentiert: *Ein Palast, der in Form und Technizität modernes Wesen ausdrückt, ist die knappe und klare Frucht einer voll siegreichen Zivilisation und nicht einer Zivilisation, die erst beginnt. Eine Zivilisation, die beginnt, wie dies in Rußland der Fall ist, braucht für das Volk substantielle, gewürzte und verführerische Nahrung, eine Schönheit geläufiger Art: Statuen, Säulen, Giebel sind leichter zu verstehen als die makellosen und ausgefeilten Linien, die man gewinnt, wenn Probleme gelöst werden, deren technische Schwierigkeit und Bedeutung bisher unbekannt waren. In Moskau also das Verdikt einer vermutlich klugen Psychologie ... Ich beuge mich ... Ich bedaure es aber.* [131]

STÄDTEBAU

GRUNDSÄTZE: Auf keinem Gebiet hat Le Corbusier unter den modernen Architekten seiner Zeit so unangefochten die Führung behauptet wie auf dem des Städtebaus, weshalb aber auch kein anderer so heftige Kritik auf sich gezogen hat wie er. Daß gerade Corbusier 1922 mit dem ersten Idealstadtprojekt für eine Millionenstadt an die Öffentlichkeit trat, war überraschend, denn bis dahin hatte er sich ja fast ausschließlich mit Fragen der Ästhetik und des Wohnens befaßt. Das Aufsehen, das seine Ideen erregten, war schon deshalb groß, weil er zum erstenmal die planerischen Probleme einer modernen Großstadt in Angriff genommen hatte, von der man bis dahin weithin glaubte, daß sie das beklagenswerte, aber unvermeidbare Ergebnis unkontrollierbarer Entwicklungen sei. Die Kritik war allgemein, und ein Titel wie Bruno Tauts «Die Auflösung der Städte, oder Die Erde eine gute Wohnung» [132] war trotz der expressionistischen Formulierung in seiner Aussage durchaus repräsentativ.

Die erste seiner vielen Schriften zum Städtebau publizierte Corbusier 1925 unter dem lapidaren Titel *Urbanisme*. Das Buch gliedert sich in drei Teile, von denen der erste die allgemeinen Grundsätze und Ziele behandelt, der zweite die «Ville Contemporaine» und der dritte die Pläne für Paris. Vorausgestellt sind einige Seiten mit Leitsätzen, die dem Leser die Axiome einhämmern, die der neuen Urbanistik zugrundeliegen. Anrufe und rhetorische Fragen dominieren, und selbst Sätze, die scheinbar nur Tatsachen feststellen, haben oft einen imperativischen Unterton. Es ist die Sprache des Dekrets, ja des Tagesbefehls, nicht die der Analyse, des Arguments und der Begründung. Als Beispiel hier die ersten Absätze, die allerdings in der Übersetzung viel von ihrer Schärfe und ihrem Pathos verlieren:

Die Stadt ist ein Arbeitswerkzeug.

Die Städte erfüllen diese Funktion in der Regel nicht mehr. Sie sind nicht effektiv: sie bedienen sich des Körpers, dem Geist aber stellen sie sich entgegen.

Die Unordnung, die sich in ihnen vervielfacht, ist anstößig, ihre Entartung verletzt unsere Selbstachtung und kränkt unsere Würde. Sie sind des Zeitalters nicht würdig: Sie sind unser nicht würdig.

Eine Stadt!

Das ist die Besitznahme der Natur durch den Menschen. Das ist ein Akt des Menschen gegen die Natur, ein menschlicher Organismus des Schutzes und der Arbeit. Das ist eine Schöpfung. Die Poesie ist ein menschlicher Akt – abgestimmte Bezüge zwischen wahrnehmbaren Bildern. Die Poesie der Natur ist, genaugenommen, nur eine Konstruktion des Geistes. Die Stadt ist ein machtvolles Bild, das unseren Geist bewegt. Warum sollte die Stadt nicht auch heute noch eine Quelle der Poesie sein? [133]

Der Leser wird vor die Wahl gestellt, entweder den Weg des Menschen zu wählen oder den des Esels. Der Esel, so Corbusier, läuft hin und her, er verweilt und er trödelt, zerstreut, gedankenlos, den Steinen ausweichend, auf der Suche nach Schatten – ohne Ziel. Anders der Mensch. Er *schreitet aufrecht, denn er hat ein Ziel, er weiß, wohin er geht. Er hat sich entschieden . . . und er geht aufrecht*.[134] Der Mensch folgt der Vernunft, gibt sich Regeln und setzt sich ein Ziel. Aber nicht er hat *alle Städte des Kontinents angelegt*, sondern der Esel: *Paris, Rom, Stambul . . . ihr Bau folgt dem Weg des Esels. Die Hauptstädte haben keine Arterien, sondern nur Kapillaren. Wachstum bedeutet ihre Krankheit oder ihren Tod. Damit sie überleben, liegt ihre Existenz seit langem in der Hand der Chirurgen, die sie pausenlos aufschlitzen*.[135] Ausnahmen sind selten. Für Paris werden der Invalidendom, die École Militaire und das Marsfeld genannt, die sich der Ordnung wenigstens näherten. *Die Stadt wird zivilisiert, Kultur offenbart sich, der Mensch ist schöpferisch*.[136] Auch eine Schloßanlage von Jacques Androuet Du Cerceau findet Beifall, denn *der Ästhet und der Ordner haben gehandelt*[137].

Ordnung und Ordnen sind auch die Leitmotive des folgenden Kapitels, das in einer Metaphysik des rechten Winkels gipfelt. *Wir bekräftigen, daß der Mensch . . . Ordnung praktiziert, daß sein Handeln und sein Denken von der Geraden und dem rechten Winkel geleitet werden, daß die Gerade ihm ein instinktives Mittel ist und seinem Denken ein hohes Ziel. Der Mensch, ein Produkt des Universums, nimmt aus seiner Sicht, das Universum in sich auf. Von dessen Gesetzen stammt er ab . . . Er hat sie formuliert und ein kohärentes System aufgestellt – einen Zustand rationaler Erkenntnis, auf dessen Grundlage man handeln, erfinden und schaffen kann. Diese Erkenntnis bringt den Menschen nicht in Widerspruch zum Universum, sondern in Einklang mit ihm*.[138] – *Innerhalb der chaotischen Natur schafft sich der Mensch . . . eine Schutzzone, die in Übereinstimmung sein soll mit dem, was er ist und dem, was er denkt . . . Seine Mittel sind Horizontale und Vertikale, die zusammen den rechten Winkel bilden, und dieser ist wie das Integral der Kräfte, die die Welt im Gleichgewicht halten*[139]. Gleichgewicht, das bedeute *Ruhe, Beherrschung der Mittel, klares Erkennen, Ordnung, Befriedigung des Geistes, Maß, Proportion – in Wahrheit: Schöpfung*.[140] Ungleichgewicht hingegen sei ein niedriges Stadium der Unruhe, der Unterjochung, der Erschöpfung und der ungelösten Schwierigkeiten.

Ihre eigentliche Stärke erwächst der Zukunftsvision jedoch aus der Kritik der Gegenwart: *Befassen wir uns mit dem objektiven Faktum der Stadt und umreißen wir für einen Augenblick den Kreis der visuellen Eindrücke und optischen Sensationen, sehen wir, was sich daraus für die Erschöpfung oder das Wohlergehen ergibt, für die Heiterkeit oder die Entkräftung, die Verfeinerung und den Stolz oder die Indifferenz, die Mißachtung und die Revolte*.[141] Das Ergebnis ist, wenigstens für Le Corbusier, ganz eindeutig und verlangt eine prinzipielle Entscheidung. *Über das, was den Mechanismus ausmacht, werden wir das setzen, was man die Seele der Stadt nennen könnte. Die Seele der Stadt, das ist das, was das für die* ... *praktische Existenz nutzlose Schauspiel ausmacht, das, was ganz einfach Poesie ist – und das ist ein absolutes, an unser Sein, an unseren ganz besonderen Status geknüpftes Gefühl.*[142] Einzelfragen erschienen dagegen vergleichsweise sekundär, denn *die Mechanik der Stadt ist nur eine Sache der Anpassung. Man bringt sich in Übereinstimmung mit der Vollendung, wenn diese sich anbietet. Man paßt sich recht und schlecht dem Unbequemen an, das vorübergeht – so wie übrigens auch die morgen schon wieder entthronte technische Perfektion vorübergeht.*[143]

Städtebau wird im Kern zu einer Frage der richtigen Ästhetik. *Die Formen, um die es sich handelt, sind die ewigen Formen der reinen Geometrie, die die unerbittliche Mechanik, die unter ihnen pochen wird, in einen Rhythmus einbetten werden, der unser sein wird, jenseits des Kalküls und voll der Poesie. Das Auge kann beleidigt oder liebkost werden.*[144] Formprobleme müßten deshalb auf die Tagesordnungen der Gemeinderäte, um schädliche Formen verbieten und wohltuende suchen zu können. Vorbild war für Le Corbusier die Urbanistik Ludwigs XIV., die er unter Berufung auf den Abbé Laugier von zwei Grundprinzipien bestimmt glaubte: *1. Chaos, Tumult im Ganzen (das heißt eine Komposition reich an kontrapunktischen Elementen, Fuge, Symphonie), 2. Einförmigkeit im Detail (das heißt Zurückhaltung, Dezenz, Angleichung ...)* [145]

Von den Problemen der städtischen «Mechanik» stand für Le Corbusier der Verkehr an erster Stelle, weil durch ihn den Stadtzentren der Erstickungstod drohte. Die Antwort waren *vier brutale, präzise Postulate, die exakt auf die drohende Gefahr antworten: 1. die Stadtzentren nicht mehr verstopfen, um den Erfordernissen des Verkehrs die Spitze zu bieten, 2. die Baudichte im Zentrum erhöhen, um die Kontakte zu ermöglichen, die das Geschäftsleben verlangt, 3. die Verkehrsmittel ausbauen, was bedeutet, die gegenwärtige Konzeption der Straße, die dem Phänomen der modernen Verkehrsmittel hilflos gegenübersteht, vollständig zu verändern, 4. die bepflanzten Flächen zu erweitern – das einzige Mittel, eine ausreichende Hygiene zu sichern, sowie die Ruhe, die für die aufmerksame Arbeit erforderlich ist, die der neue Rhythmus der Geschäfte verlangt.*[146] So konkret sich diese Forderungen auch geben, so abstrakt und ästhetisch ist die Analyse, die ihnen zugrundeliegt. Vor allem aber bleiben sie isoliert, denn sie sind keinem umfassenden Planungskonzept integriert. Bei fortschreitender Lektüre von *Urbanisme* verstärkt sich zudem der Verdacht, daß auch die konkretesten Äußerungen letzten Endes vor allem dazu dienen, eine neue Stadtästhetik zu legitimieren. Zwar ist zum Beispiel das achte Kapitel voll von Statistiken, Schaubildern und Diagrammen, aber diese werden nicht weniger rhetorisch eingesetzt als die Zeitungsausschnitte des neunten Kapitels, die in einer brillanten Collagetechnik die Misere des Pariser Verkehrs an den Pranger stellen. Selbst das *Unsere Mittel* überschriebene zehnte Kapitel gibt nicht etwa über ein neues oder auch nur verbessertes urbanistisches

Instrumentarium Auskunft. Trotz des mehrfach wiederholten Satzes *Eine Idee, eine Konzeption, ein Programm haben – das ist es, was nottut* [147], beschränkt es sich darauf, am Beispiel der Chinesischen Mauer, der Planungen Ludwigs XIV. sowie mehrerer Staudämme und Bahnhöfe in allgemeinster Form die Möglichkeiten menschlichen Bauens zu beschwören.

«DIE ZEITGENÖSSISCHE STADT»: Die bisher zitierten Passagen stammen alle aus dem ersten Teil von *Urbanisme*, der der Vorstellung der beiden Stadtmodelle *Ville Contemporaine* und *Plan Voisin* den Boden bereiten sollte. *Ein Leitfaden ist erforderlich, Grundprinzipien moderner Urbanistik sind erforderlich. Indem man ein rigoroses theoretisches Gebäude errichtet, muß man zur Formulierung der fundamentalen Prinzipien modernen Städtebaus gelangen.* [148]

Als die *Ville Contemporaine* 1922 auf dem Herbstsalon in einem Diorama vorgestellt wurde, war sie von dem folgenden Manifest begleitet: *Das anachronistische Fortbestehen der alten Stadtkörper paralysiert deren Ausdehnung. Das wirtschaftliche und industrielle Leben wird in den zurückgebliebenen Städten erstickt werden ... Die Fäulnis der alten Städte und die Intensität der modernen Arbeit entnerven die Menschen und machen sie krank. Abhilfe sei schon aus wirtschaftlichen Gründen erforderlich. Das moderne Leben fordert die Wiederherstellung der verbrauchten Kräfte ... Ohne Hygiene und moralische Gesundheit stirbt die soziale Zelle ab. Die derzeitigen Städte können den Anforderungen des modernen Lebens nicht gerecht werden, wenn man sie nicht den neuen Bedingungen anpaßt. Die großen Städte beherrschen das Leben der Länder. Wenn die Großstadt erstickt, verfällt das Land.* [149]

Die Kritik richtet sich gegen das Mißverhältnis zwischen der alten Stadt und den neuen Bedingungen. Diese Bedingungen selbst und ihre Ursachen werden weder analysiert noch kritisiert, sondern eher verklärt. Selbst der Verkehr und die wachsenden Anforderungen an die Arbeitskraft erscheinen als positive, zumindest aber faszinierende Phänomene: *Ist nicht Geschwindigkeit, jenseits eines Traumes, brutale Notwendigkeit? ... Die Stadt, die über Geschwindigkeit verfügt, verfügt auch über Erfolg – eine überzeitliche Wahrheit. Wozu wäre es gut, dem Zeitalter der Hirten nachzutrauern! Die Arbeit konzentriert sich, beschleunigt ihren Rhythmus!* [150]

Die *Ville Contemporaine* sollte um zwei sich im rechten Winkel schneidende Hauptstraßen gruppiert sein, und über dieses Achsenkreuz sollte, um 45 Grad verschoben, ein in sich wiederum rektanguläres Netz von Sekundärstraßen gelegt werden. Für den Aufbau werden die folgenden Grundsätze genannt: *1. Entlastung des Zentrums, 2. Erhöhung der Bebauungsdichte, 3. Vermehrung der Verkehrsmittel, 4. Vermehrung der Grünflächen. Im Zentrum der Bahnhof mit Plattform für die Landung der Lufttaxis. Von Norden nach Süden und von Osten nach We-*

sten große Straßen für den Schnellverkehr (überhöhte Brücke von 40 m
Breite). Inmitten einer Grünfläche von 2400 × 1500 m ... die mit Bäu-
men und Pflanzen bedeckt ist, stehen Wolkenkratzer, Restaurants, Cafés, Luxusläden, Gebäude mit zwei und drei stufenförmig ansteigenden
Terrassen; Theater, Säle usw.; ferner offene und geschlossene Gara-
gen ... Links: die großen öffentlichen Gebäude, Museen, Stadthaus,
Einrichtungen zum allgemeinen Gebrauch. Weiter links: der Englische
Garten (das heißt eine Reservezone für die spätere Erweiterung des
Stadtkerns). Rechts: von einer der großen Querverbindungen durchzogen die Docks und Industriequartiere mit den Güterbahnhöfen. Rings
um die Stadt: freie Zone, Wälder und Wiesen. Dahinter: der Gürtel der
Gartenstädte ... City: Vierundzwanzig Wolkenkratzer, von denen jeder
10 000 bis 50 000 Angestellte fassen kann ... Stadtwohnungen: offene ...
oder geschlossene Wohnblocks, 600 000 Bewohner. Gartenstädte:
200 000 Bewohner oder darüber.[151] Diese Gartenstädte, die in der Abbildung nicht sichtbar werden, waren als mehrgeschossige Zeilen von
Villas-Immeubles gedacht.[152]

Welche Dimensionen diese Stadt angenommen hätte, demonstriert
der Vergleich mit Manhattan, das im gleichen Maßstab gegeben ist.[153]
(Vgl. S. 64.) Der Gewinn an Öffnung, Grün und geometrischer Ordnung –
und damit, nach Corbusiers Terminologie an Seele – ist außerordentlich.

«Ville Contemporaine» für 3 Millionen Einwohner, 1922

So lange jedenfalls, wie man die Stadt von dem durch die Abbildung suggerierten Blickpunkt aus betrachten kann. Dieser Blickpunkt aber ist der des demiurgischen Architekten, dessen höchstens noch die Passagiere anfliegender Flugzeuge für kurze Minuten teilhaftig werden. Aus der Perspektive der Bewohner hingegen wären Ordnung und Zusammenhang dieser Stadt nicht zu erfassen gewesen, nicht einmal von den Caféterrassen aus, die Corbusier so anziehend zu zeichnen verstand.

Wäre diese Stadt 1922 gebaut worden, dann hätten sich selbst großstadterfahrene Besucher aus Paris, London oder New York nur mit Mühe zurechtgefunden. Triumphbögen, Pantheonskuppeln und Obelisken, die gelegentlich als Requisiten auftauchen, mochten ihnen der Form nach vertraut sein, aber der Triumphbogen war nur noch Durchlaß für den Verkehr und die Obelisken standen nicht mehr im Zentrum von Plätzen, sondern am Rande der Autoschnellstraße. Daran gewöhnt, daß Gebäude durch Typus und Dekoration schon außen auf ihre Bedeutung und ihre Funktion aufmerksam machten und diese in den Formen und der Ikonographie auch noch zu erläutern und rechtfertigen suchten, hätte sich der Besucher immer wieder den gleichen Fassaden gegenübergesehen. Amerikanische Erfahrungen mochten ihm helfen, das Geschäftsviertel zu identifizieren, aber nichts verriet ihm, ob dessen Gebäude Warenhäuser, Banken oder Versicherungen beherbergten.

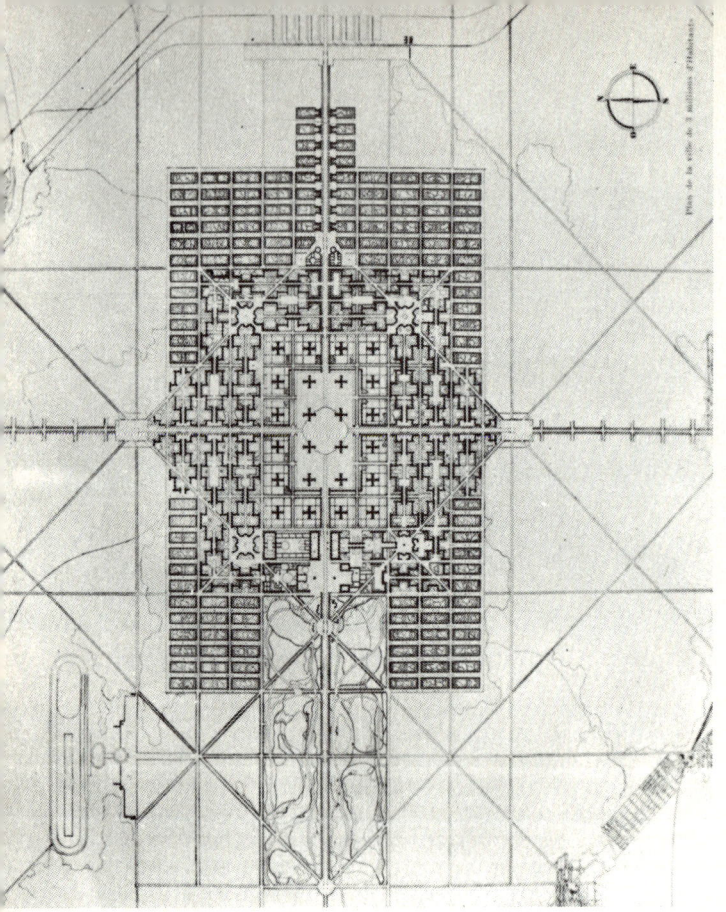

Grundriß der «Ville Contemporaine»

Das in Europa damals noch gar nicht dringend erforderliche Verwaltungshochhaus wurde für das gesamte Stadtzentrum zum beherrschenden Typus – eine architektonische Vorwegnahme der erst später ganz verwirklichten Welt wirtschaftlicher und gesellschaftlicher Bürokratien, in der die Unterscheidung nach Aufgaben wie Rathaus, Handelshaus oder Justizpalast nur noch denkmalpflegerisch, als Relikt früherer historischer Stufen, aktuell scheint. Es fehlen auch alle die Orte und Bereiche, an denen soziale und politische Aktivität stattfinden oder sich doch wenigstens entwickeln könnte. Wo früher ein zentraler Platz oder ein Markt gewesen wäre, befindet sich bei Corbusier das Verkehrszentrum, und auch die zahlreichen Sport- und Erholungsmöglichkeiten, die die Wohngebiete in der Freizeit bereithielten, können den Verlust einer eigenen öffentlichen Sphäre nicht ausgleichen.

EIN NEUES ZENTRUM FÜR PARIS: Im dritten Teil von *Urbanisme* werden die Prinzipien der *Ville Contemporaine* auf Paris übertragen. Zwar dämpfte die Größe der Aufgabe anfangs sogar das Selbstvertrauen Corbusiers, aber trotz mancher Einschränkung war er sich doch sicher, daß der *Plan Voisin* geeignet sei, *die Diskussion auf ein Niveau zu heben, das des Zeitalters würdig ist ... Er setzt seine Prinzipien dem Durcheinander der kleinen Lösungen entgegen.*[154]

Seitdem er seine Schweizer Heimat verlassen hatte, war Le Corbusier der französischen Hauptstadt in intensiver Haßliebe verbunden. Paris verkörperte ihm alles, was an den alten Städten verderblich war, aber zugleich war ihm Paris auch so selbstverständlich das eigentliche Zentrum der Welt, daß er immer neu versuchte, sich und seinen Gedanken dort ein Denkmal zu setzen. Den dunklen Hintergrund der zahlreichen Projekte bildeten oft Luftaufnahmen, die mit polemischen Beischriften wie der folgenden versehen waren: *Ist dies ein Blick auf den siebten Kreis der Danteschen Hölle? Nein! Dies ist die entsetzliche Bleibe von Hunderttausenden ... Diese Gesamtansicht ist wie ein Keulenschlag. Wenn wir bei unseren Spaziergängen dem Geflecht der Straßen folgen, dann sind unsere Augen hingerissen vom Pittoresken dieser steil ansteigenden Landschaften ... Beschwörungen der Vergangenheit steigen auf, die Tuberkulose, die Demoralisierung ... die Schande triumphieren satanisch.*[155]

Hoffnung sei nur dann, wenn ein Plan von Paris Besitz ergreife, der sich gar nicht erst bemühe, den gegebenen Strukturen gerecht zu werde. *Er eröffnet an den strategischen Stellen von Paris ein funkelndes Kommunikationsnetz. Wo sich heute 7, 9 oder 11 Meter breite Straßen alle 20, 30 oder 50 Meter schneiden, sieht er ein quadratisches Netz 50, 80 oder 120 Meter breiter Straßen vor, die sich alle 350 oder 400 Meter kreuzen. Und indem er im Zentrum der so gewonnenen großen Grundstücke kreuzförmige Wolkenkratzer aufrichtet, schafft der Plan eine Stadt in der Höhe, eine Stadt, die ihre zerstreuten Zellen in die Höhe gehoben und, weit über dem Boden, in Licht und Luft, neu angeordnet hat.*[156]

Die bis jetzt am Boden kriechende Stadt richte sich plötzlich auf, wobei *das ganze Gewimmel, das bisher wie ausgetrockneter Schorf am Boden hängen bleibt, entfernt, abgekratzt und durch reine Glaskristalle ersetzt wird, die sich, an ihrem Fuß von jungem Laub umspielt, in großen Abständen voneinander bis zu einer Höhe von 200 Metern erheben* [157]. Schon der Grundriß eines einzigen dieser Hochhäuser hätte mehr Fläche beansprucht als der ganze Louvre-Hof, und auf der Ile de la Cité, auf der die Kathedrale Notre-Dame steht, hätten nicht einmal

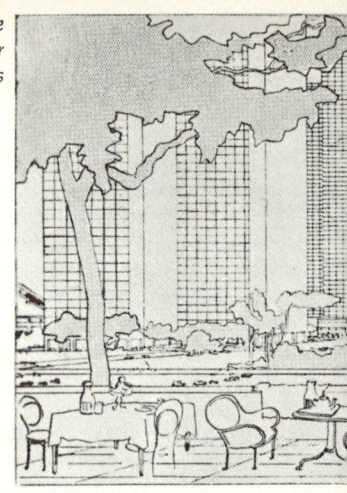

Das Zentrum der «Ville Contemporaine», von einer Caféterrasse aus

Manhattan (oben) und «Ville Contemporaine», beide im gleichen Maßstab

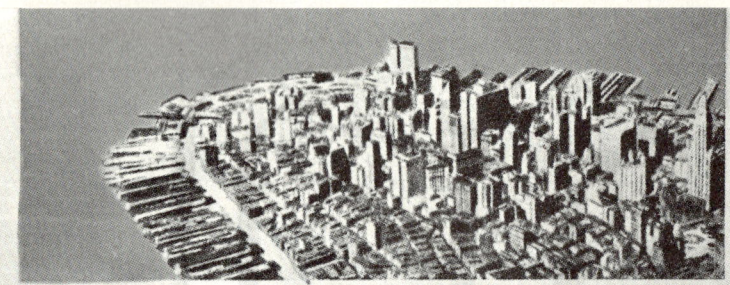

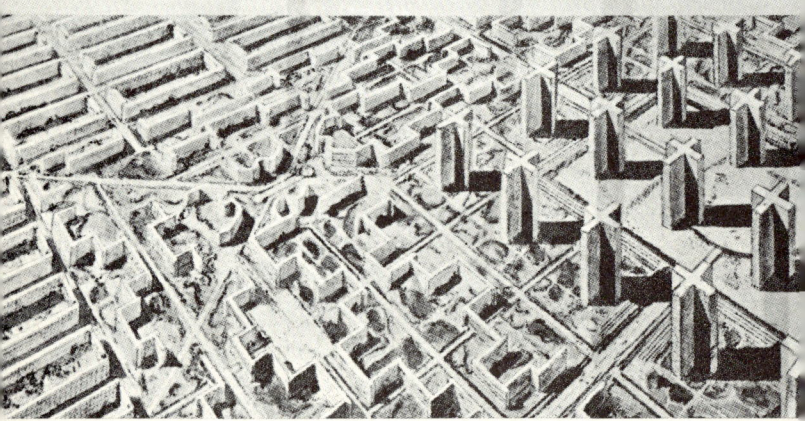

vier dieser Riesen Platz gefunden. Ein gänzlich neuer, selbst den älteren Monumentalbauten nicht mehr kommensurabler Maßstab hätte sich die Stadt unterjocht (vgl. Abb. S. 69).

Corbusier allerdings glaubte sich in Übereinstimmung mit den Traditionen der Pariser Urbanistik, die mehrfach Eingriffe von einer Größenordnung verursacht hatte, die den von ihm geplanten vergleichbar schienen: städtebauliche Chirurgie statt des in seinen Augen aussichtslosen Versuchs, der Krankheit durch Heilmittel Herr zu werden. Es ist dabei höchst aufschlußreich, daß sich Corbusier nicht mit den früheren Architekten identifizierte, sondern mit den Autokraten, denen sie dienten: mit Richelieu, Colbert, Ludwig XIV., Napoleon I. und Haussmann.

Als Le Corbusier 1929 südamerikanischen Hörern die Entwicklung von Paris näherbringen wollte, hielt er nur die Monumentalbauten für erwähnenswert. Einer der Höhepunkte der Stadtgeschichte war ihm *die Errichtung der Louvrekolonnade durch den Sonnenkönig. Welcher Hochmut, welche Verachtung des Bestehenden, welcher Bruch der Harmonie, welch eine übermütige Entweihung! Im Angesicht der gezackten Giebel, des Gewirrs der Gäßchen, des Gewühls der in sich selbst zusammengedrängten mittelalterlichen Stadt – dieses prächtige intellektuelle Kunstwerk des Großen Jahrhunderts!* [158]

Seine eigenen Pläne sah Le Corbusier als Fortsetzung dieser Tradition: *Jetzt zeichne ich das zeitgenössische Vorhaben: das Geschäftsviertel von Paris. Riesig und großartig, funkelnd und voller Ordnung. Ich berufe mich auf die Geschichte der Stadt, auf ihre Vitalität, ihren Sinn für das Harmonische ... ihren flammenden und revolutionären Geist ... Ich fühle, daß die ganze Welt den Blick auf Paris gerichtet hält, daß alle von*

*Paris die gebieterische Geste erwarten, die das architektonische Ereignis
ins Leben und zur Ordnung ruft – dieses Ereignis der Architektur, das
sein Licht auf alle anderen Städte werfen wird. Ich glaube an Paris, ich
hoffe auf Paris. Und ich beschwöre dich, Paris: Laß uns Heutige nicht
vergebens auf diese Geste warten, die gebieterische Geste deiner Vergangenheit: Weitermachen!* [159]

Vom alten Paris sollten nur die Hauptmonumente übrigbleiben. *Die
historische Vergangenheit, Besitz der ganzen Welt, ist respektiert, mehr
noch: sie ist gerettet. Die Fortdauer des jetzigen Krisenzustandes würde
zur schnellen Zerstörung dieser Vergangenheit führen.* [160] Le Corbusier
gibt ganze Viertel klaglos preis und versteht sich doch als Retter der
Vergangenheit: *Heute ist diese Vergangenheit in unserem Geiste ge-
schändet, denn die Teilnahme am modernen Leben, die ihr aufgezwun-
gen ist, stößt sie in ein falsches Milieu. Ich erträume mir, die Place de
la Concorde leer zu sehen, einsam, voller Stille und die Champs-Élysées
als Promenade ... Die Viertel Marais, Archives, Temple usw. werden zerstört sein, die alten Kirchen aber gerettet.* [161] Betrachtet man den *Plan
Voisin* mit den Augen Corbusiers, dann sieht man *im Westen und Süd-
westen die großen Anlagen von Ludwig XIV., Ludwig XV., Napoleon
... Man ermißt das Schöpferische, den Geist, der hier geherrscht und
den Wirrwarr bezwungen hat. Die neue Geschäftsstadt erscheint hier
nicht als Anomalie. Sie macht den Eindruck, in der Tradition zu stehen
und einem normalen Fortschritt zu folgen.* [162]

Im Zusammenhang mit dem *Plan Voisin* hat Le Corbusier auch einen
Essay über die Straße publiziert, dessen Wertungen heute oft nur noch
mit Mühe zu verstehen sind. *Eine Straße; meistens schmale oder breite
Bürgersteige. Senkrecht aufsteigende Hauswände: Dachluken und
Blechrohre bilden die gegen den Himmel sich abzeichnende geschmack-
lose Silhouette. Die Straße befindet sich in der Niederung, in ewigem
Halbdunkel. Das Blau des Himmels ist ein sehr ferner Hoffnungsschim-
mer. Die Straße ist eine Rinne, eine tiefe Spalte, ein enger Gang. Man
hat das Gefühl, als stoße man sich an den Mauern zu beiden Seiten die
Ellbogen wund. Das Herz ist eingeengt und beklemmt ... Die Straße ist
voller Leute; man muß auf seinen Weg aufpassen. Seit einigen Jahren
ist sie voller Fahrzeuge: zwischen den Trottoirrändern lauert tödliche
Gefahr. Aber wir sind darauf gedrillt, dieser Todesart ins Auge zu sehen.* [163] Gegen die *Kakophonie*, die *Gesichter und Begierden*, gegen das
Drama der Stadt stellte Corbusier das Bild der neuen, der von ihm gebauten Straße. Sie befindet sich *unter Bäumen, umgeben von Wiesen.
Überall ringsum weite grüne Flächen. Gesunde Luft, fast gar kein Lärm
... Durch das Geäst der Bäume, durch die schönen Arabesken des Laub-
werks, sehen Sie in großen Abständen voneinander riesige Kristallmas-*

*Der «Plan Voisin» für Paris. Oben: Wohnviertel, die abgerissen werden soll-
ten. Unten: Wohnviertel, die an ihrer Stelle errichtet werden sollten – beide im
selben Maßstab. 1925*

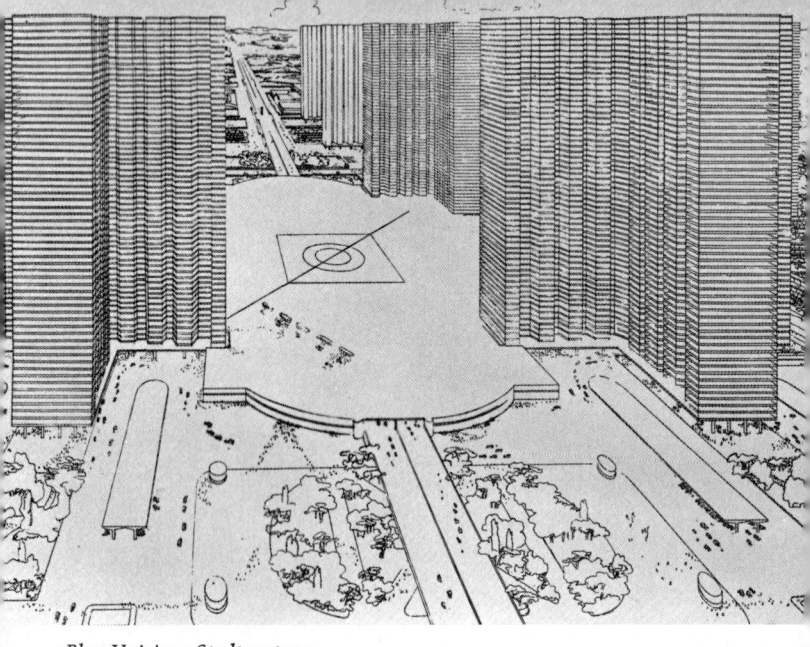

«Plan Voisin»: Stadtzentrum

*sen aufragen – höher als irgendein Gebäude der Welt. Kristall, das im
azurnen Blau schillert und unter dem grauen Winterhimmel leuchtet –
Kristall, das schwerelos in der Luft zu schweben scheint, das am Abend
funkelt und glitzert.*[164]

Es wäre unbillig, Corbusier schon in den zwanziger Jahren Erkennt-
nisse abzufordern, die erst sehr viel später gewonnen wurden; wohl
aber wird man seine Konzepte an den von ihm selbst propagierten Zielen messen dürfen, unter denen die Lösung des Verkehrsproblems eines
der wichtigsten war. Corbusier hat sich zeitlebens gerühmt, dieses Ziel
im *Plan Voisin* erreicht zu haben[165], aber beim Studium des Grundrisses wird man diesen Anspruch bestreiten müssen, denn dort findet man
zum Beispiel Hauptstraßen, die jäh vor einer Wohnhauszeile enden und
damit zur Sackgasse werden, während die symmetriegebundene Syste-
matik des neuen Grundrisses an anderen Stellen imposante Straßenzüge
erzeugt, für die überhaupt kein Bedarf besteht.[166] Der selbstherrlichen
Logik seines Grundrisses zuliebe hat Corbusier nicht einmal den Versuch gemacht, die neuen Straßen mit den umgebenden Stadtvierteln ab-
zustimmen oder auch nur notdürftig zu verbinden. Unbekümmert um
die vorhandenen Strukturen und unbekümmert auch um die tatsächlichen Verkehrsverhältnisse, wollte er der Stadt sein neues Geschäftsviertel oktroyieren, und zwar im Namen eines Verkehrs, der im Falle

der Verwirklichung dieses Plans zumindest in der Umgebung des Viertels endgültig zum Stillstand gekommen wäre.

Widersprüche wie der genannte sind nun aber so evident, daß sie auch Corbusier aufgefallen sein müssen. Die Frage ist deshalb, was ihn bewog, sie hinzunehmen, und das wiederum führt zu der Frage nach den Prioritäten seines Planens. Schon die Leitsätze von *Urbanisme* lassen vermuten, daß der *Plan Voisin* letzten Endes nicht weniger Bildwerk ist eine abstrakt geometrische Skulptur oder ein Bild von Piet Mondrian, mit dem Unterschied nur, daß bei ihm eine ganze Großstadt zum Material der Gestaltung werden sollte.

Daß auch auf den ersten Blick ganz sachliche Planungen bis in den Kern von höchst subjektiven Vorlieben geprägt sein können, wird selten so evident wie beim *Plan Voisin*, doch schließt das keineswegs aus, daß sich in einem solchen Subjektivismus auch objektive Tendenzen durchsetzen können. Gerade das Vertrauen auf die eigene Vision und der Verzicht auf detaillierte Untersuchung können ein Vakuum schaffen, das dann von unkontrollierten, weil unbewußten Faktoren ausgefüllt wird. So ist die Reduktion und Trennung der städtischen Funktionen keineswegs eine Erfindung Corbusiers oder seiner Kollegen, sondern Ausdruck einer schon lange vor ihnen in Gang gekommenen Entwicklung, zu der auch die Auflösung früherer Formen von Öffentlichkeit gehört, der in den Stadtmodellen die radikale Neugestaltung der Stadtzentren entspricht. So betrachtet sind die Planer für die histori-

Modell zum «Plan Voisin», links unten der Louvre

schen Prozesse, die sie urbanistisch sichtbar machen, auch nicht unmittelbar verantwortlich. Angesichts der späteren Erfahrungen wäre ihnen aber vorzuhalten, daß sie diese Prozesse oft unbefragt hingenommen und in vielen Fällen durch die eigene Arbeit auch gefördert haben.

DIE CHARTA VON ATHEN: Die zu einem beträchtlichen Teil unausgesprochenen Grundsätze, auf denen Le Corbusiers Stadtmodelle von 1922 und 1925 beruhten, wurden 1929 in der sogenannten *Charta von Athen* kodifiziert, deren Leitmotiv die Forderung ist, daß Architektur und Städtebau sich den Bedingungen der modernen Industriegesellschaft anzupassen hätten. Im Unterschied zu den früheren Äußerungen Corbusiers sind die damit verbundenen sozialen Probleme sehr viel ausführlicher behandelt, und selbst an ausdrücklicher Kritik fehlt es nicht. So wendet sich die Charta gegen eine Verteilung der Wohnviertel, die die Armen benachteiligt und ihnen *die Wohltat der Bedingungen vorenthält, die notwendig sind für ein gesundes und geordnetes Leben ... Man muß für immer durch eine strenge gesetzliche Regelung von seiten der Stadt verbieten, daß ganze Familien des Lichtes, der Luft, des Raumes beraubt werden.*[167]

Einige der Thesen gehen sogar ins Grundsätzliche: *Die Rücksichtslosigkeit der privaten Interessen ruft eine verheerende Zerstörung des Gleichgewichts hervor zwischen den ökonomischen Kräften, die ständig wachsen, einerseits, und der administrativen Kontrolle und der sozialen Solidarität, die immer schwächer und mutloser werden, andererseits.*[168] Selbst eine Neuverteilung des Bodens wird gefordert, allerdings weniger aus Gründen der Gerechtigkeit als aus solchen der Bauökonomie: *Die Skala der Arbeiten, die dringlich zur Entwicklung der Städte in Angriff zu nehmen sind und andererseits der grenzenlos zerstückelte Zustand des Grundbesitzes sind zwei einander feindliche Realitäten.*[169]

Trotz solcher Passagen ist aber auch die *Charta von Athen* vor allem von ästhetischen und ethischen Gesichtspunkten bestimmt. Bei politischen und ökonomischen Problemen fragt schon die Anamnese mehr nach den Symptomen als nach den Ursachen der zu bekämpfenden Krankheit. Alle 33 Städte, die vor der Abfassung untersucht worden waren, legten *Zeugnis ab für das gleiche Phänomen: Ordnungslosigkeit, durch die Maschine in einen Zustand gebracht, der bis dahin eine relative Harmonie zuließ; ebenso fehlt jeder ernsthafte Versuch zur Anpassung. In allen diesen Städten ist der Mensch Bedrängnissen ausgesetzt. Alles, was ihn umgibt, erstickt und erdrückt ihn. Nichts, was notwendig ist für seine physische und moralische Gesundheit, ist erhalten oder eingerichtet worden. Eine Krise der Menschheit macht sich in den großen Städten verheerend bemerkbar und wirkt sich auf die ganze Weite des Landes aus. Die Stadt entspricht nicht mehr ihrer Funktion, die Menschen zu schützen und sie gut zu schützen.*[170]

Glaubt man der Charta, so stand jedoch eine Therapie bereits zur Verfügung. Fachleute, unter denen bezeichnenderweise weder Soziologen noch Psychologen, weder Politiker noch Vertreter der Stadtbevölkerung auftauchen, hatten sie ausgearbeitet – ohne Auftrag, ohne Beratung, ohne Kontrolle. Sie sollte auch gar nicht mehr geprüft, erprobt oder gar verändert, sondern nur noch durchgesetzt werden. Es müsse gelingen, ihren Grundsätzen *Gültigkeit zu verschaffen bei den Verwaltungsorganen, die damit beauftragt sind, über das Schicksal der Städte zu wachen, und die den großen Umwälzungen, die sich durch diese neuen Gegebenheiten anbieten, oft feindlich gegenüberstehen. Die Obrigkeit muß zuerst aufgeklärt werden, und dann muß sie handeln.*[171] Für die vielfältigen Einzelfragen sollen zwar Spezialisten zugezogen werden, aber am Ende laufen doch wieder alle Fäden beim Architekten zusammen. Aufgabe der Politik ist es, den Fachleuten die Wege zu ebnen, und die Bevölkerung soll nicht etwa eigene Vorstellungen geltend machen, sondern sich dem Willen und der besseren Einsicht der Architekten beugen. *Um von der Theorie zur Praxis zu kommen, ist das Zusammenwirken folgender Faktoren notwendig: einer politischen Macht, die so ist, wie man sie sich wünscht – klarblickend, sicher und entschlossen, die besten Lebensmöglichkeiten zu verwirklichen, die auf dem Papier ausgearbeitet und eingezeichnet worden sind; eine aufgeklärte Bevölkerung, die versteht, wünscht und fordert, was die Fachleute für sie ins Auge gefaßt haben; eine wirtschaftliche Situation, die erlaubt, Arbeiten, von denen einige beachtlich sind, in Angriff zu nehmen und auszuführen.*[172] Schließlich gelangt die Charta zu einem Zukunftsbild, das angesichts der späteren Erfahrungen eher traumatisch als beglückend wirkt: *Die Architektur waltet über dem Geschick der Stadt. Sie ordnet die Struktur der Wohnung an ... deren Gesundheit, Annehmlichkeit, Harmonie ihren Unterscheidungen unterworfen sind. Sie gruppiert die Unterkünfte zu Wohneinheiten, deren Gelingen von der Richtigkeit ihrer Planungen abhängen wird ... Sie richtet die Erweiterungen der Wohnungen ein, die Arbeitsstätten und die der Entspannung zugedachten Gelände. Sie legt das Verkehrsnetz an ... Die Architektur ist für das Wohlbefinden und die Schönheit der Stadt verantwortlich. Sie hat die Aufgabe, die Stadt zu schaffen oder zu verbessern, und ihr fallen die Wahl und die Verteilung der verschiedenen Elemente zu, deren geglückte Proportion ein harmonisches und dauerndes Werk begründen wird. Der Architekt hat den Schlüssel zu all dem in der Hand.*[173]

«DIE STRAHLENDE STADT»: Das umfangreichste Buch, das Le Corbusier dem Städtebau gewidmet hat, erschien 1935. Schon der Titel ist Programm: *La Ville radieuse* – die strahlende, die leuchtende, die glänzende Stadt. Die Gedanken aus *Urbanisme* werden zu einem großen Teil wiederholt, teils auch erweitert und gelegentlich sogar modifiziert. Der Wechsel der

Materialien und Gesichtspunkte, der Glanzlichter und Pointen ist eher noch größer geworden, aber aus einer gewissen Distanz ergeben sich im wesentlichen nur zwei neue Gravitationszentren: die Revision der *Ville Contemporaine* durch die «Strahlende Stadt» und die von dieser so gänzlich verschiedenen Entwürfe für Nordafrika und Südamerika.

Die Veränderung der *Ville Contemporaine* zeigt sich schon im Grundriß, bei dem die strikte Zentralisierung der ersten Fassung durch das Prinzip der Bandstadt ersetzt ist.[174] Statt eines Kreuzes gibt es nun nur noch eine einzige Achse, so daß sich jeder Stadtteil nach Bedarf seitwärts erweitern kann, was zum Beispiel bei dem von Wohnvierteln umgebenen Geschäftszentrum des ersten Plans nicht möglich gewesen wäre. Die Macht der Geometrie schwindet, die Anpassung an wechselnde Bedürfnisse wird leichter. Die zweite Fassung ist erheblich flexibler und sehr viel weniger als Kunstwerk aufgefaßt als die von 1922, was sich auch darin äußert, daß Corbusier auf eine Gesamtansicht verzichtet und sich mit Grundrissen und Details begnügt hat. Die Geschäftshochhäuser des Zentrums wurden durch ein Wohnviertel abgelöst, von dem aus die Arbeitsplätze der City und der Industriegebiete gleich gut erreichbar sind. Bahnhof und Flughafenterminal sind zwischen die Wohnquartiere und das Geschäftsviertel gelegt, an dessen Rändern Reservegrundstücke für zusätzliche Regierungsbauten, Studienzentren usw. bereitgehalten werden.

Die Wohnungen sind zu relativ komplizierten Mäandern verbunden, die eine gewisse Abwechslung garantieren. Die gesamte Grundfläche der Wohnviertel sollte den Fußgängern vorbehalten bleiben, weshalb der Verkehr über Hochstraßen geleitet und die Häuser auf Stützen gestellt worden wären. Da er die Probleme der City wohl durch seine früheren Arbeiten gelöst zu haben glaubte, hat sich Corbusier bei dieser Version ganz auf die Wohnquartiere konzentriert. Besonders den Binnenräumen hat er größere Aufmerksamkeit geschenkt als je zuvor. Wie in einem Englischen Garten sollten windungsreiche Wege und Plätze die Grünflächen durchziehen; Schulen, Kindergärten, Sportanlagen, Clubhäuser und Parkplätze sollten in diese Parklandschaft verlegt werden, damit sie näher bei den Wohnungen und besser erreichbar waren. Öffentliche Gebäude, die auf politische Strukturen schließen ließen, fehlen aber auch in dieser Fassung.

Wichtiger war dem Architekten die Synthese von Baukunst und Natur, deren Ohnmacht allerdings bereits in seinen eigenen Modellen zutage tritt, weil die Binnenräume durch simple Addition entstanden sind und weder der Park noch auch die Wohnmäander so verändert werden, daß es zu einer engeren Verbindung kommen könnte. In Wirklichkeit wäre in solchen riesigen Wohngebieten schon wegen der dominierenden Autostraßen wahrscheinlich weder «Natur» noch im herkömmlichen Sinne «Stadt» erfahrbar geworden, und die gekrümmten Parkwege wären wohl auch nicht stark genug gewesen, einen neuartigen Zusammenhang zu stiften. Geblieben wäre nur ein bis dahin unbekanntes

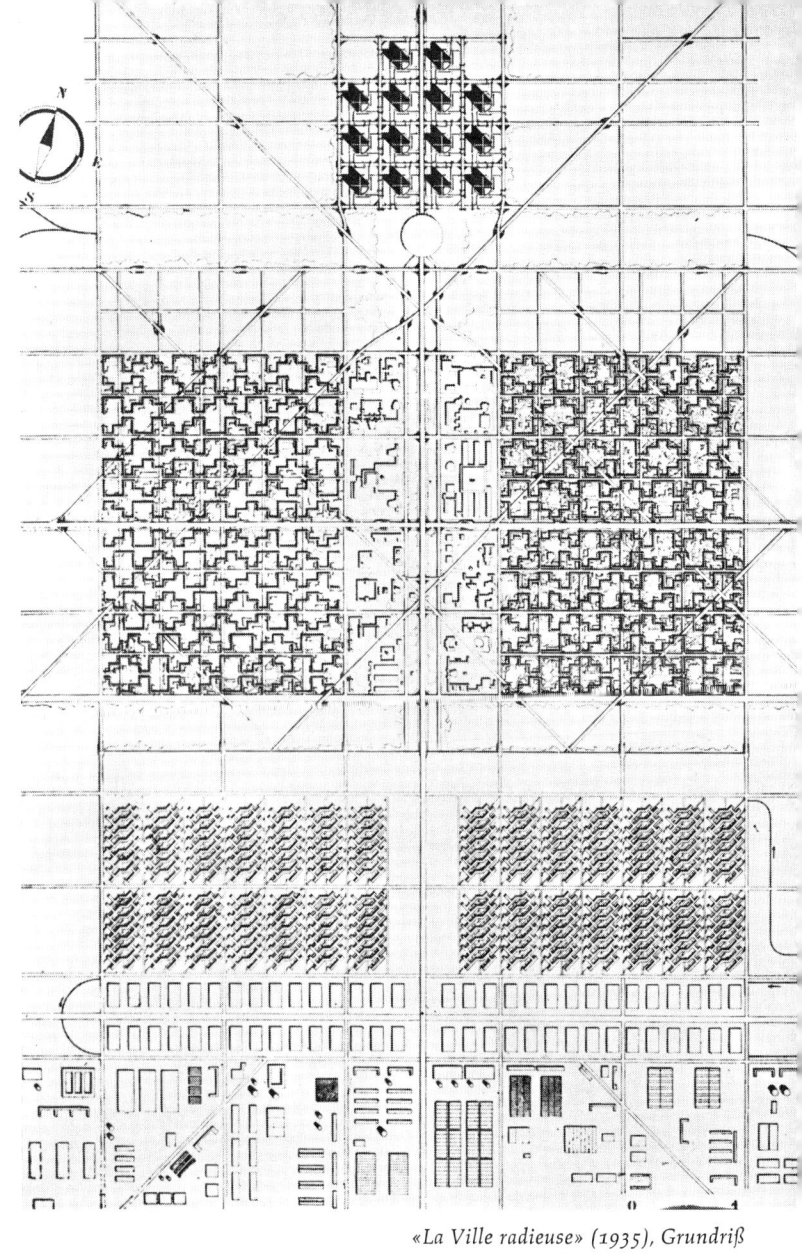

«La Ville radieuse» (1935), Grundriß

Bild, von dem freilich ungewiß ist, ob es bei jedermann solche Begeisterung ausgelöst hätte wie bei seinem Schöpfer: *Eine Symphonie aus Laub, Zweigen, Rasenplätzen und Kristallschimmer hinter hohen Stämmen. Eine Symphonie! Seht nur, zu welcher Lyrik uns der Fortschritt anregt! Mit welchen Werkzeugen uns die moderne Technik ausgerüstet hat! Noch nie hat man derartiges erlebt! Natürlich nicht, denn jetzt hat eine neue Zeit angefangen – eine Zeit, die ins Leben gerufen wurde vom neuen Geist!* [175]

RIO DE JANEIRO: Ein großer Teil von *La Ville radieuse* ist den Ideen gewidmet, die Le Corbusier für Nordafrika und Südamerika entwickelt hatte. Während sich die Kapitel zur Revision der *Ville Contemporaine* durch zunehmende Differenzierung und eine größer werdende Berücksichtigung der Realität auszeichneten, erreicht bei den Plänen für Buenos Aires, Rio und Algier die Selbstherrlichkeit des nicht allein Städte, sondern ganze Landschaften umgestaltenden Künstlerarchitekten ihren Höhepunkt.

Den Anstoß gab vermutlich das Entzücken, in das Corbusier 1929 bei seiner südamerikanischen Reise durch die Umgebung von Rio versetzt

«La Ville radieuse»: Häuser im Park

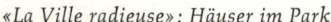

«La Ville radieusa»: Trennung von Fußgängerzone und Autoverkehr

wurde. Er sah die Stadt mit den Augen des Luxustouristen, dem selbst das Elend der Armenviertel zum pittoresken Bild gerät: *Die Neger sind sauber, prächtige Gestalten; die Frauen sind in weiße und immer frisch gewaschene Baumwollgewänder gekleidet. Es gibt weder Straßen noch Wege, dazu ist es viel zu steil; aber es gibt Fußpfade, die gleichzeitig Gießbäche und Abflußkanäle sind. Hier sieht man Szenen aus dem Volksleben, die so voll erhabener Würde sind, daß eine Schule der Genremalerei in Rio die schönsten Vorwürfe finden könnte ... Aus der Höhe der favellas sieht man das Meer, die Anlegeplätze, die Häfen, die Inseln, die Berge, die Buchten; der Neger sieht das alles, hier weht der Wind – eine Wohltat in den Tropen. Das Auge des Negers, der auf all das hinabschaut, blickt kühn; der Blick eines Mannes, der weiten Horizont vor sich hat, ist stolz; weiter Horizont verleiht Würde. Das sind Betrachtungen eines Städtebauers.*[176]

Im gleichen Vortrag pries Le Corbusier den Architekten von Rio ihre Stadt als *Feier: azurne Buchten, Wasser voll Himmelblau ... Hochragende Palmen mit glatten Stämmen bilden mathematisch genaue gerade Alleen ... Glänzende amerikanische Luxuswagen fahren von einer Bai*

75

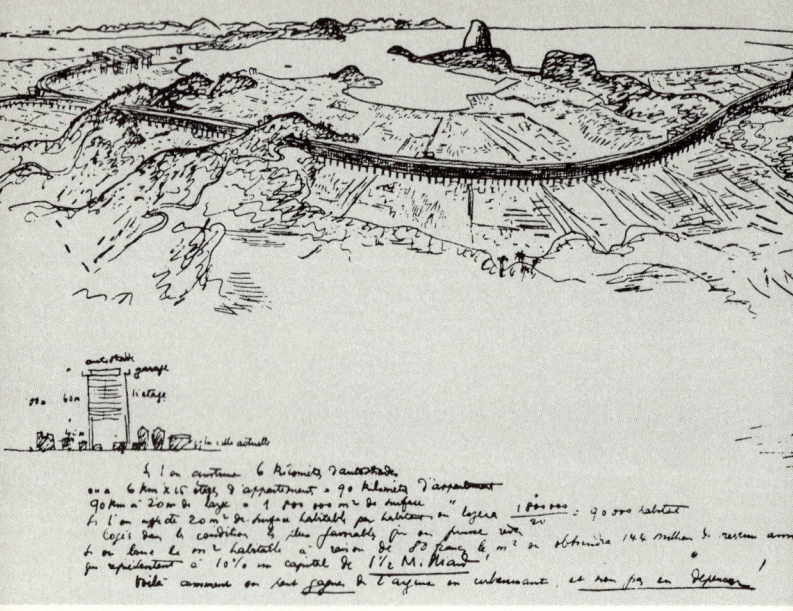

zur andern ... ein großer Dampfer kommt feierlich und fröhlich in den Hafen hineingefahren.[177]

Der Ort solcher Betrachtungen ist entweder die Aussichtsterrasse des Hotels oder aber das Flugzeug. Vor allem in der Luft fühlte sich der Künstler Corbusier zur Selbstverwirklichung herausgefordert. *So ist dir nun vom Flugzeug aus alles klargeworden, du hast diese Landschaft, diesen bewegten und komplexen Körper, jetzt verstanden, nachdem die Schwierigkeiten überwunden sind, hat dich Begeisterung ergriffen, du fühlst Ideen in dir wachsen, du bist in Herz und Seele der Stadt eingedrungen, du hast einen Teil ihres Schicksals begriffen ... Wenn du ein Architekt und Städtebauer bist und ein Herz hast, das empfänglich ist für die Größe der Natur und einen Geist, der begierig ist, das Schicksal einer Stadt kennenzulernen – wenn du ... ein Mann der Tat bist, dann überkommt dich in Rio de Janeiro, der Stadt, die so strahlend einen menschlichen Beitrag zu ihrer weltweit berühmten Schönheit zu fordern scheint, ein heftiges – vielleicht sogar verrücktes – Verlangen ... eine Partie zu zweien zu spielen, eine Partie «Sich-behauptender-Mensch» gegen, oder mit «Da-seiende-Natur».*[178]

Anfangs schien eine solche Partie auch Le Corbusier aussichtslos. Bei der Ankunft meinte er noch, *hier bauen – das hieße, Wasser in das Faß der Danaiden schöpfen. Alles würde von dieser leidenschaftlichen und großartigen Landschaft eingesaugt* [179], aber dann griff er doch zum Skizzenbuch. In kühn vereinfachenden Strichen wurden Hügel, Stadt

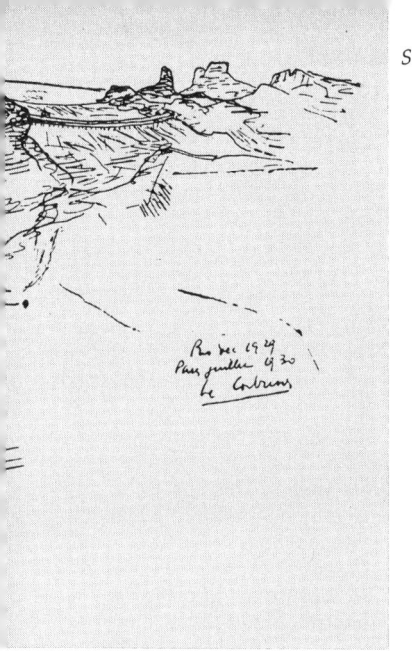

Skizze für Rio, 1929/30

Rio dec 1929
Plan juillet 1930
Le Corbusier

*Urbanistische Skizze für
Rio de Janeiro, um 1936*

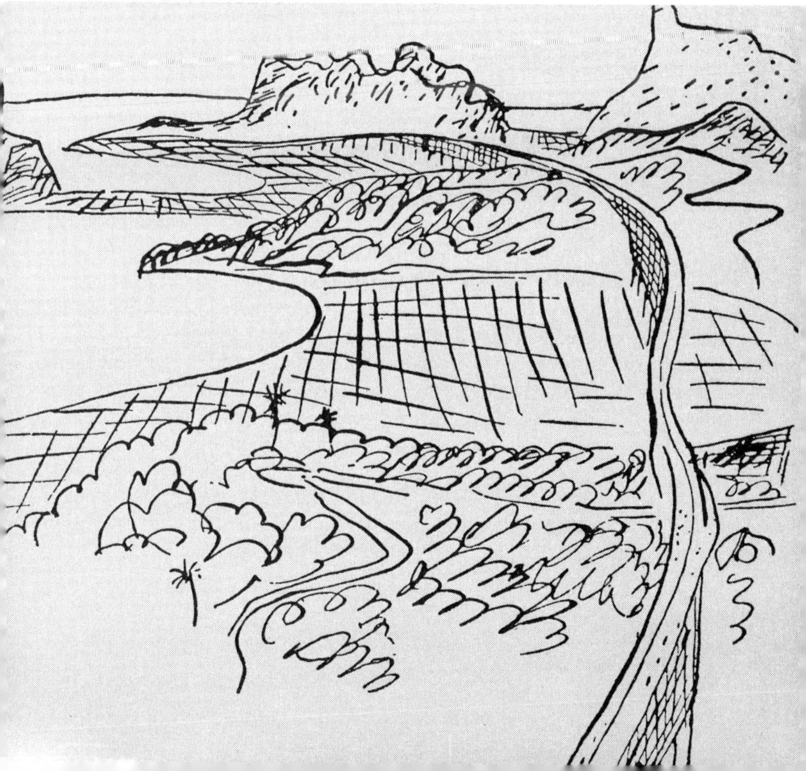

und Buchten mit einer Architektur verbunden, die, gigantischen Aquädukten gleich, die Landschaft durchzogen – und zerstört hätte. Im Grunde sollte diese auch gar nicht erhalten, sondern dem Schauspiel der Architektur dienstbar gemacht werden. Corbusier zeichnete seinem Publikum die Autobahn, und *eure Bergspitzen, euer Zuckerhut . . . – sie alle würden durch diese klare Horizontale betont. Die vorüberfahrenden Dampfer – prächtige bewegliche Wohnblocks der modernen Zeit – fänden hier im Raum hoch über der Stadt eine Antwort, ein Echo. Die ganze Landschaft begänne zu sprechen – Wasser, Erde, Luft – sie spräche die Sprache der Architektur. Es entstünde ein Gedicht aus menschlicher Geometrie und der Phantasie der Natur. Das Auge erblickt zweierlei: die Natur und das Ergebnis menschlicher Arbeit. Die Stadt würde ausgedeutet durch die einzige Linie, deren Gesang mit dem feurigen capriccio der Berge zusammenstimmt: die Horizontale.*[180]

An einer praktischen Begründung bzw. Rechtfertigung dieses Schauspiels hat es Corbusier nicht fehlen lassen, denn unter den Autobahnen sollten Tausende von Wohnungen Platz finden. Der gordische Knoten aus Wohnungsnot und Verkehrschaos schien ein für allemal durchschlagen. *Die Autobahn wird . . . nicht von Bogen getragen, sondern von Wohnblocks, die für Menschen – für Menschenmassen – bestimmt sind. Und wenn man nur will, dann braucht diese Autobahn mit ihren riesigen Blocks innerhalb der Stadt niemanden zu stören. Denn nichts ist leichter, als Stahlbeton-Pfeiler zu errichten, die ziemlich hoch über die Dächer der existierenden Stadtviertel emporragen. Und . . . wenn diese Dächer überwunden sind, werden die Pfeiler durch riesige Brückenbogen miteinander verbunden. So ist es . . . möglich, die Wohnblocks erst in einer Höhe von 30 m zu bauen, sie reichten dann von 30 m bis zu einer Höhe von 100 m, das heißt sie hätten 10 Doppeletagen.*[181] Der Architekt rühmte den Gemeinschaftsservice solcher Appartements, ihre Hängegärten und die Glaswände *hoch in der Luft – fast wie das Nest eines Vogels* [182].

Ob diese megalomanischen Wohnbänder in das bestehende Rio integriert werden könnten, auf welche Weise dies geschehen müßte und welche Konsequenzen damit verbunden wären, das alles bleibt unerörtert. Man erfährt nicht einmal, ob die Autobahnen überhaupt ein Ziel gehabt hätten oder Selbstzweck gewesen wären. Zwar hat Corbusier eine Rechnung aufgemacht, die der Stadt sogar zustäzliche Einnahmen versprach [183], aber wichtiger war ihm wohl der Gedanke an das Lichtband, das sich den bei Nacht eintreffenden Schiffen bieten würde. Daß Landschaft wie Architektur bei solchen Planungen nur noch Formmaterial einer zum l'art pour l'art gewordenen Urbanistik sind, scheint für Corbusier kein Problem gewesen zu sein, denn als er sich in Rio verabschiedete, tat er es mit dem Bekenntnis, diese Reise habe ihn noch tiefere Wurzeln im Bereich der Architektur schlagen lassen.[184]

DIE ORDNUNG DER NATUR: Für einen Leser, der seit Beginn der zwanziger Jahre Corbusiers Arbeit verfolgt hatte, mußte das Buch über die *Ville radieuse*, das 1935 herauskam, in vieler Hinsicht eine Überraschung sein. Im Vergleich zu *Vers une architecture* fällt schon beim ersten Durchblättern auf, daß die Übermacht der technischen, geometrischen und architektonischen Gebilde in den Abbildungen gebrochen ist.[185] Gleich auf der ersten Seite sieht man statt der Eisenbrücke von *Vers une architecture* einen archaischen, mit Pferdekraft betriebenen arthesischen Brunnen, auf der zweiten Seite folgen Illustrationen des Sonnensystems und eines Blattes, und auf der dritten schließlich sind unter dem Titel

Spanischer Brunnen (aus «La Ville radieuse»)

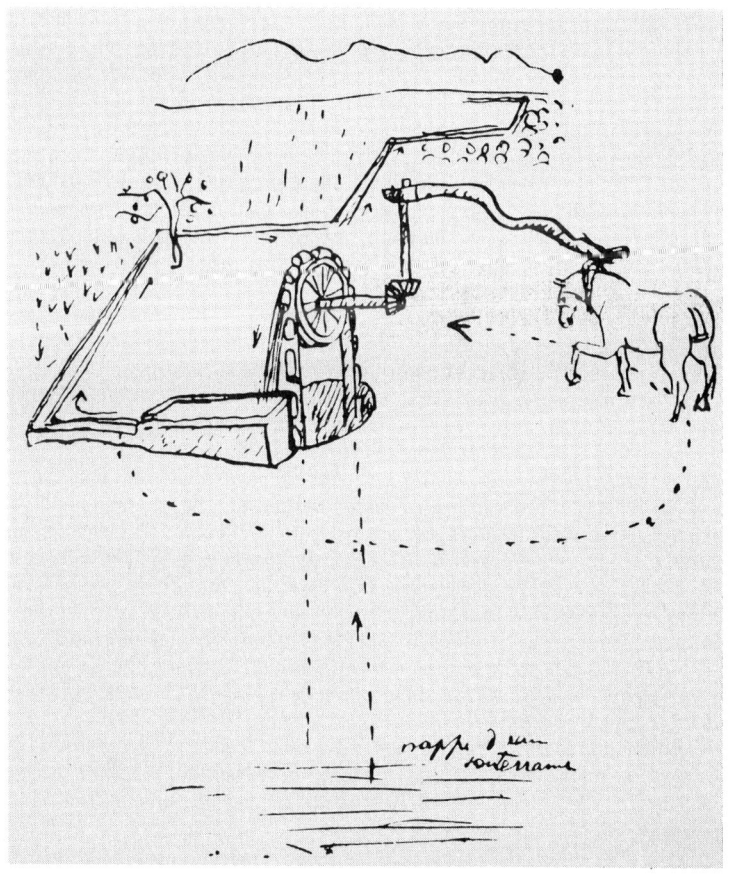

Harmonien eine Muschel und ein Tannenzapfen abgebildet.[186] Blättert man weiter, dann findet man menschliche Organe wie Herz und Lunge dargestellt, immer wieder Blüten und mehrfach auch Schemata, die Naturzyklen, wie die Monate und die Jahreszeiten, veranschaulichen. Die aus den früheren Büchern vertrauten Flugzeuge und Automobile fehlen keineswegs, aber sie sind nicht mehr allein.

Die neuen Akzente weisen auf eine tiefgreifende Wende im Denken Corbusiers, die selbst die Technik in einen neuen Zusammenhang rückte: Sie wird nicht mehr mittels der Geometrie auf die Grundordnungen des Universums bezogen, sondern auf die organische Natur. Begann *Vers une architecture* mit einem Hymnus auf die Ästhetik des Ingenieurs, so steht nun das Bekenntnis zur Natur am Anfang, verbunden mit dem Lobpreis früher, «natürlicher» Lebensformen: *Alle natürlichen Ordnungen ziehen mich an . . . Bei meiner Flucht aus der Stadt bemerke ich, daß ich mich immer gerade dort aufhalte, wo Menschen im Begriffe sind, ihr Leben zu ordnen. Ich suche die Primitiven, nicht, um Barbarei zu finden, sondern um dort Weisheit zu erfahren. Amerika oder Europa, Bauern oder Fischer . . . ich gehe dorthin, wo die Menschen arbeiten, um sich zu ernähren, und Maßnahmen treffen, die ihr Leiden mildern. So tun sie, was nötig ist . . . um ohne Unkosten und Ausgaben die Freuden der Gemeinschaft zu erlangen: Beruf, Familie, Kollektivität . . .* Etwas später heißt es: *Ich gehe dorthin, wo die Dinge sich ordnen in der umfassenden Auseinandersetzung Mensch–Natur, im Kampf um das Dasein und im Genuß der Früchte eigener Arbeit, unter dem Gewölbe des Himmels, dem Gesetz der Jahreszeiten und dem Gesang des Meeres.*[187]

Ferienerlebnisse werden zum Maßstab, das Leben in der Natur zum Gegenbild des Alltags: *Wenn man das Glück hat, die Ferien in der freien Natur zu verbringen, fern von allen Stadtmenschen, inmitten der Elemente, die sich, ungestört und unstörbar, nach natürlichen Gesetzen entfalten, und wenn man dann plötzlich . . . in der Stadt, in Paris, ankommt, dann ist der Schock hart, ja, mehr als das, beängstigend.*[188] Ganz anders das unterentwickelte Griechenland, wo 1933 der Kongreß für moderne Architektur stattfand: *Wir kreuzen zwischen den Inseln, den Kykladen. Tausendjähriges, tiefes Leben, hier ist es unversehrt geblieben. Das Rad existiert noch nicht und vielleicht wird es niemals existieren . . . Wir entdecken ewige Häuser, lebendige Häuser, von heute, die weit in die Vergangenheit zurückreichen und deren Querschnitt und Grundriß genau das sind, was wir uns seit mehr als zehn Jahren vorgestellt haben . . . In diesen glücklichen Gefilden des Anstands, der Intimität, des Glücks, wo das Vernünftige immer von der Freude am Leben geleitet wird, sind die Maße einer dem Menschen entsprechenden Rangordnung gegenwärtig.*[189]

In einem späteren Text führten solche Eindrücke zu der Forderung, es sei *Zeit, wieder zu den Ursprüngen zurückzukehren, die das Humane begründen. Der Mensch wird wieder als psycho-physiologischer Wert erkannt und die Umwelt wird nach ihrer Natur erforscht. Es gilt, das*

Naturgesetz zwischen Mensch und Umwelt neu zu fassen und uns wieder um Einheit zu bemühen. *Damit Harmonie herrscht, muß derselbe Geist, der in der Natur wirkt, auch im Menschen wirken.*[190] Nicht mehr das Universum und die Geometrie sind die Leitsterne, sondern die Natur und die Physiologie: *Die Natur liefert uns unbegrenzte Möglichkeiten. In ihnen bekundet sich das Leben, dessen Gesetzmäßigkeiten die Biologie zusammenstellt. Alles darin ist Geburt, Wachstum, Verfall, Entartung. Das Verhalten der Menschen geht aus ähnlichen Abläufen hervor.*[191]

Nicht mehr die Anpassung an die technische Zivilisation ist das Ziel, sondern Rückkehr zum einfachen, ursprünglichen Leben. *Die gewalttätige, grausame, wilde und gnadenlose Zivilisation des Geldes* soll ersetzt werden durch eine Zivilisation der Harmonie und der gegenseitigen Unterstützung, *in der jedermann das Empfinden hat, ein lebendig wirksamer Teilnehmer jenes Abenteuers zu sein, welches das Gesicht des Landes wiederherstellen und die Landschaft mit jenen symphonischen Bildern belegen wird, in denen der menschliche Geist seine Bestätigung findet: im aktiven Zusammenwirken mit den Mächten und Schönheiten der Natur, unserer unbestreitbaren und unveränderlichen Mutter.*[192]

Le Corbusier hat seine früheren Gedanken mit den neuen zu verschmelzen gesucht, was in vielen Fällen aber neue Begründungen verlangte. Zum Beispiel für die Geometrie: *Der Mensch ist aus der Natur hervorgegangen. Er ist von den Gesetzen der Natur geformt. Wenn er diese richtig erkennt und sich in fortwährender Bewegung mit ihnen in Einklang bringt, dann verschafft er sich selbst die Empfindung der Harmonie, die ihm wohltätig ist. Der Mensch kann nichts anderes benutzen als die Gesetze der Natur. Es ist nötig, daß er deren Geist erkennt und aus dem Kosmischen etwas Menschliches formt . . . Die Natur ist in ihrer Substanz ganz Mathematik, aber unser Auge zeigt oft nur ein Schauspiel wirrer Erscheinungen. Um sich selbst zu retten, sich selbst eine vertretbare Umgebung zu geben, die Wohlbefinden und Macht schenkt, hat der Mensch die Gesetze der Natur in ein System projiziert, das zugleich Manifestation seines eigenen Geistes ist: die Geometrie.*[193]

Die Grenze zur Mystik streifend, wenn nicht überschreitend, kreiste Corbusiers Denken erneut um die Vorstellung einer prästabilierten Harmonie, deren Ausdruck er aber nicht mehr allein in Technik und Geometrie zu erblicken glaubte, sondern auch in der ganz vitalistisch verstandenen Natur. So fragwürdig diese Spekulationen auch sein mögen, so aufschlußreich sind sie als Indizien für eine grundsätzliche Neuorientierung, deren Vorzeichen zwar schon Jahre zuvor erkennbar waren, die jedoch erst mit der *Ville radieuse* an die Oberfläche kam. Auch dann aber hat es noch mehrere Jahre gedauert, bis sie sich auch in Corbusiers Bauten durchsetzte. Wie bereits ein Jahrzehnt zuvor scheinen die neue Weltanschauung und die neue Ästhetik früher vorhanden gewesen zu sein als die ihnen entsprechende Architektur.

Pavillon Suisse, Paris. 1930–32

FORMEN UND MATERIALIEN: Während der zwanziger Jahre waren Naturgebilde so gut wie gänzlich aus Corbusiers Arbeiten verbannt gewesen. Höchstens als Pointe und Kontrast fanden sie Eingang.[194] In der Urbanistik begann die Landschaft erst in den frühen dreißiger Jahren zu einem wesentlichen Element zu werden, und erst in diesen Jahren tauchten auch an den Einzelbauten mehr und mehr «natürliche» Formen auf. Parallel dazu fingen auch einige der von früher bekannten Elemente an, sich zu verändern. So entwickeln bei dem Schweizer Studentenheim in der Cité Universitaire von Paris alle Formen eine Neigung, voluminöser und kräftiger zu werden. Die Stützen, auf denen der Pavillon steht, sind keine Metallstäbe mehr und auch nicht mehr Teil eines konstruktiven Skeletts, sondern stämmige Füße für die schwere Last, die auf ihnen ruht. Zwischen die beiden mittleren ist ein eingeschossiger Nebenpavillon eingerückt, der nicht nur keinen geometrischen Grundriß mehr hat, sondern in einer gekrümmten Außenwand auch noch Natursteine zur Schau stellt. Selbst die Außenseite des Hauptbaus bietet keine membranhaft dünne Oberfläche mehr, sondern eine Plattenverkleidung, die wegen der hervorgehobenen Fugen auch als solche wahrgenommen wird, *eine moderne Ästhetik, durch Verwendung gesunder Materialien: Mühlsteine, armierter Beton, Plattenverkleidung* [195]. Corbusier hat allerdings auf dieser Stufe noch sorgfältig darauf geachtet, daß die Hausteine von glatten Mauerstreifen gerahmt blieben. Die alte Ästhetik war zunächst keineswegs preisgegeben, sondern nur um neue Reize und Kunstmittel erweitert, die auf wenige Bauteile beschränkt blieben. [196]

Dominierend wurden «natürliche» Formen während der dreißiger Jahre nur bei einigen Landhäusern, wobei in der Regel äußere Gründe den Ausschlag gaben. Das früheste dieser Häuser wurde 1930 für Chile entworfen. *Es ist an der Küste des Pazifischen Ozeans errichtet. Da man dort über keine ausreichende Handwerkstechnik verfügte, wurde mit Elementen komponiert, die am Ort vorhanden und leicht zu bearbeiten waren: Mauern aus großen Steinblöcken, Gebälk aus groben Baumstümpfen, Dächer aus den Ziegeln des Landes und deswegen auch ein geneigtes Dach.* [197] Das Ergebnis mußte zumindest die Doktrinäre unter Corbusiers Gefolgsleuten überraschen. Der Meister aber befand, daß die Rustikalität des Materials *in keiner Weise die Manifestation eines klaren Grundrisses und einer modernen Ästhetik* [198] behindert habe.

Zur gleichen Zeit hat Le Corbusier in der Nähe von Toulon ein Landhaus bauen lassen, das 1934, fast entschuldigend, so erläutert wird: *Dieser Bau, der von lokalen Unternehmern ausgeführt wurde, ist aus Eisenbetonplatten gebildet, die von Mauern aus unverputztem lokalem Haustein getragen werden. Trotz der Verwendung gewöhnlichen Mauerwerks findet man auch hier die Thesen wieder, die üblicherweise in unseren anderen Häusern entfaltet werden. Dies bedeutet, daß eine sehr eindeutige Trennung vorgenommen wird zwischen Stützmauern, die als tragendes Gerüst für die Betonplatten aufgefaßt sind, und Glaswänden, die die leer gelassenen Zwsichenräume füllen. Die Komposition richtet sich nach der Landschaft. Das Haus besetzt einen kleinen Vorsprung, der die Ebene hinter Toulon beherrscht, die ihrerseits von der großartigen Silhouette der Berge abgeschlossen wird. Man war darauf bedacht, die Überraschung zu bewahren, die das unerwartete Schauspiel dieser endlosen Entfaltung der Landschaft bietet. Deshalb blieben die Räume auf dieser Seite geschlossen, während in der Mitte einfach eine Tür durchgebrochen wurde, die beim Öffnen auf einen Treppenabsatz hinausführt, von dem aus das Schauspiel wie eine Explosion wirkt.* [199]

Daß derartige Häuser für Corbusier damals noch Einzellösungen waren, ergibt sich schon aus den parallel zu ihnen erarbeiteten Planungen für eine moderne ländliche Siedlungsform, bei denen technisch-geometrisch geprägte Häuser vorgesehen waren, die denen der Siedlung Pessac ungleich ähnlicher geworden wären als dem Landhaus bei Toulon. [200]

Gesteigerter Formenreiz auf der einen Seite und ungünstige Entstehungsbedingungen auf der anderen – das waren die beiden Gründe, mit denen Corbusier zunächst die Einführung «natürlicher» Formen und Materialien begründete. Aber in solchen Bauten bildeten sich – dem Ar-

Wochenendhaus bei Paris, 1935

chitekten vielleicht unbewußt – neue Möglichkeiten aus, die zu Fermenten umfangreicher Veränderungen wurden. Schon 1935 entstand bei Paris ein Wochenendhaus, bei dem die äußeren Bedingungen offensichtlich keine primitive Technik verlangten, und da heißt es über den Hauptraum: *Eines der schwerwiegendsten Probleme der modernen Architektur (die in vieler Hinsicht internationalen Charakter hat) besteht darin, in wohl abgewogener Weise die Materialien festzulegen. Tatsächlich kann, neben den neuen architektonischen Volumina, die durch die neuen technischen Möglichkeiten und eine neue Ästhetik gewonnen wurden, eine präzise und originelle Bestimmung auch durch die dem Material innewohnenden Tugenden erreicht werden.*[201]

Während die neuen Materialien die Bauten stärker mit der umgebenden Landschaft zu verbinden begannen, hat, wenngleich auf anderer Ebene und etwas weniger direkt, die gleichzeitig vorangetriebene Entwicklung der Sonnenbrecher eine Verbindung zwischen Bauwerk und Sonnenlauf geschaffen und damit einen Bezug der Architektur auf die Rhythmen der Natur[202], denen sich einzufügen eines der großen Ziele Corbusiers geworden war: *Die Sonne geht auf, das Licht verbreitet sich . . . der Mensch erwacht, wird tätig: Denken, Arbeiten usw. Der moderne Mensch, der von den irreversiblen Früchten des Fortschritts . . . profitiert, hat ein bezwingendes Bedürfnis nach dem Sonnenlicht, von dem nicht nur seine Lebensfreude abhängt, sondern auch der Ertrag seines Tuns … Der Wechsel der Jahreszeiten wird ein nuanciertes Spektrum von Vor- und Nachteilen bringen: Zur Wintersonnenwende steht die Sonne niedrig, und ihre Strahlen sind im Hause willkommen, wo sie physisch und moralisch wärmen … Dagegen machen Sommersonnenwende und Hundstage … den Freund zu einem unerbittlichen Feind.*[203] Corbusiers Vorschlag: der Außenwand vorgelegte Sonnenblenden, die zwar die Wintersonne einlassen, nicht aber die des Sommers. Der Architekt gewinnt neue gestalterische Möglichkeiten, die er zu skulpturalen Kompositionen [204] nutzen kann oder auch dazu, in der Ausrichtung der Sonnenblenden die Beziehung von Haus und Sonnenlauf sichtbar zu machen.

DER MODULOR: Die Maße der Bauten kontrollierte der sogenannte Modulor, der im Kern eine Maßtabelle ist, die es erlaubt, alle an einem Bau

Studien zum «Sonnenbrecher»

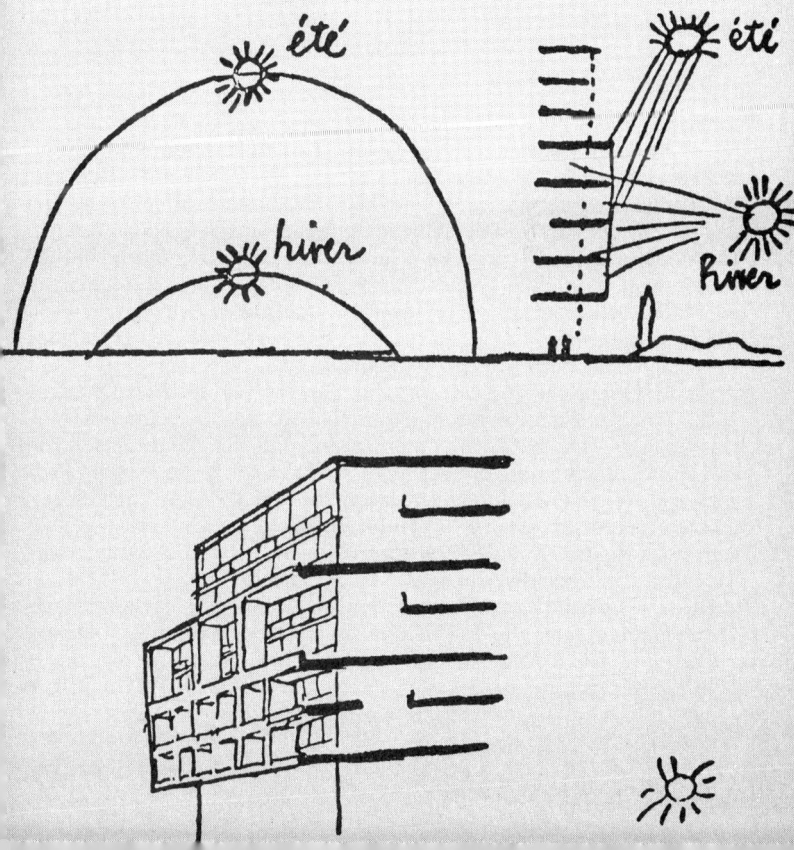

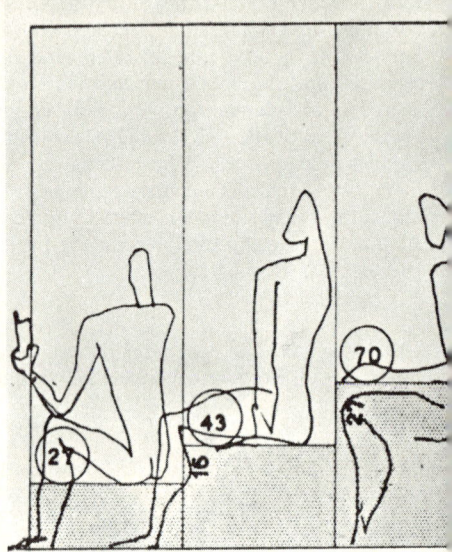

«Modulor»: *Die charakteri-*
stischen Beschäftigungen
des menschlichen Körpers
im Raum, 1948

notwendig werdenden Einzelmaße auf einige wenige Grundmaße zu-
rückzuführen, die sich sowohl in Metern als auch in Zoll und Fuß aus-
drücken lassen.[205] Corbusier hat in diesem Verfahren nicht nur eine
Arbeitserleichterung gesehen, sondern geradezu eine Offenbarung, die
zu rühmen und zu propagieren er nicht müde wurde. Grundlage der in
den Modulor eingegangenen Berechnungen und Spekulationen sind die
charakteristischen und wesentlichen Stellungen eines «typischen»
menschlichen Körpers. Von der objektiv unlösbaren Schwierigkeit, zu
bestimmen, was ein solcher Körper sei, und warum gerade er zur anthropologischen Norm werden soll, ist bei Le Corbusier allerdings nicht
die Rede. Offensichtlich schien es ihm das Privileg des Künstlerarchitekten, einen solchen Körper zu definieren. Als sei dies selbstverständlich, ist der Mensch des Modulor männlichen Geschlechts und wie
selbstverständlich zeigt er nicht etwa die Statur und die Proportionen
eines heutigen Durchschnittsmenschen, sondern die einer archaischen
griechischen Athletenstatue: schlanke Taille, breite Schultern und darüber einen kleinen Kopf – figürliches Symbol der dem Primitiven zu-
neigenden Anthropologie des späten Le Corbusier.

Auch bei seinem Bauen standen ihm nicht mehr die Passagiere von
Ozeandampfern und die Ingenieure als soziales Leitbild vor Augen,
sondern die einfachen, «ursprünglichen», Lebensformen, mit deren
Rühmung schon *La Ville radieuse* begonnen hatte. Da die späten Schrif-

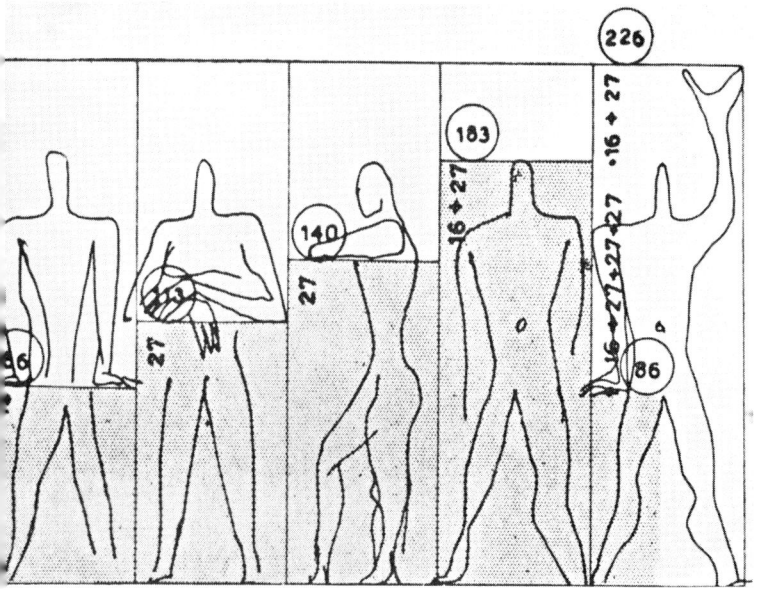

ten sich in der Regel in immer neue Paraphrasen früherer Äußerungen ergehen, während sie sich über die spezifischen Probleme des Spätwerks oft geradezu hartnäckig ausschweigen, findet man nur wenige literarische Belege für das neue Ideal. Einer davon verbirgt sich in der Erläuterung des Projekts, im Innern eines provenzalischen Berges, der Sainte-Beaume, eine «Basilika des Friedens und der Versöhnung» anzulegen und bei dieser auch ein Wallfahrerzentrum mit einer Wohnsiedlung. Die Anlage sollte auch durch ihre Architektur die *Grundlagen menschlichen Empfindens erreichen: Sünde und Vergebung, Schwäche und Größe, Großherzigkeit und Mut, Einfachheit und Demut.* Eine so enge Verschmelzung von Landschaft und Architektur war erstrebt, daß beide sich in einer *leidenschaftlich gewünschten Harmonie* verbänden. Die Bautechnik bediente sich der einfachsten Mittel: gestampfter, nur teilweise mit Brettern verschalter Erde, eine *essentielle Architektur des richtigen Maßes und der inneren Größe nach dem Maß des Menschen. Das Leben in solchen Bauten kann von vollkommener Würde sein und dem Menschen unseres maschinistischen Zeitalters den Sinn für die fundamentalen Hilfsquellen zurückgeben, die natürlichen wie die menschlichen.*[206]

WOHNEN IN DER GEMEINSCHAFT

Vorbilder und Vorstufen: Le Corbusier hat auch nach 1930 noch eine ganze Reihe von Wohnhäusern gebaut, doch sind diese mehr der formalen Veränderungen wegen bemerkenswert als wegen ihrer Konzeption. Dafür schob sich immer mehr ein anderes Problem in das Zentrum seines Denkens: das des Wohnens in der Gemeinschaft. Bezeichnenderweise taucht es zum erstenmal 1922 bei den sogenannten *Villas-Immeubles* auf, also im Zusammenhang mit urbanistischen Überlegungen.[207] Damals waren Villenblocks vorgesehen, in denen jede Wohnung *ein kleines Einfamilienhaus mit eigenem Garten gewesen wäre, beliebig hoch über der Straße gelegen. Die Straße selbst aber hat sich verändert, sie entfernt sich von den Häusern, Bäume dringen in die Stadt ein. Die Wohndichte bleibt die gleiche wie heute, aber die Häuser werden höher, und der Blick wird weiter.*[208] Die Offenheit und Differenziertheit im Innern, der Corbusiers ganze Vorstellungs- und Erfindungskraft galt, ist erstaunlich, aber auch sie kann die simple Addition nicht ganz wettmachen, mit der diese Zellen verbunden werden sollten. Bei dieser Addition kam die höchst subjektive «Soziologie» des Architekten zum Zuge, die die Menschen als im Grunde isolierte, monadenhaft nebeneinander existierende Wesen betrachtete, aus deren Summe sich unmittelbar die Gesamtgesellschaft konstituiere, ohne daß vermittelnde Sozialstrukturen erforderlich wären.[209]

Trotz der evident verschiedenen Voraussetzungen zögerte Le Corbusier nicht, die sozialen Verhältnisse einer Klostergemeinschaft direkt auf seine Idealstädte zu übertragen, und die *Villas-Immeubles* nach dem Vorbild von Kartäuserklostern zu organisieren, deren Lebensform er nicht so sehr als ein Miteinander verstand denn als ein Nebeneinander, wie man es auch in Hotels und auf Überseeschiffen kennenlernen kann. Nicht zufällig hat er später bei der Erläuterung seiner Wohnblocks vor allem auf Reiseerfahrungen Bezug genommen. Die 15 Quadratmeter seiner Luxuskabine schienen ihm völlig ausreichend als Lebensraum, zumal er viele Dienstleistungen von den zentralen Einrichtungen des Schiffs beziehen konnte. *Das Schiff hat 1500 bis 2000 Bewohner. Wenn nun in der Küche 50 Leute beschäftigt sind, so beschäftigt mein eigener Haushalt 50/2000 = 1/40 Koch . . . ich bin der Mann, der den Kniff gefunden hat, wie man es fertig bringt, nur 1/40 Koch zu engagieren.*[210] In ähnlicher Weise bringt er es zu einem Kammerdiener, einer Waschküche, einer Telefonzentrale usw. Das Schiffsdeck erinnert ihn an einen Boulevard, die Ladenstraße an die *Straßen in der Luft*[211], die er für seine Wohnblocks vorgesehen hatte. Die Kombination von privater Zelle und gemeinschaftlich genutzten Serviceeinrichtungen wurde für Corbusier so sehr zum Inbegriff einer neuen Freiheit des Wohnens und des Lebens, daß er nach der Berechtigung, temporäre Lebensbedingungen wie die auf einem Schiff ohne weiteres zu verabsolutieren, nicht mehr gefragt hat.

«Villas-immeubles», 1922. Wohnblock mit 120 Villen

Versuche mit neuen, kollektiven Formen des Wohnens und Zusammenlebens hat es besonders im 19. Jahrhundert immer wieder gegeben, und auch im 20. Jahrhundert waren sie nicht selten. Am energischsten wurden sie nach 1917 in der Sowjet-Union betrieben, wo das Zusammentreffen der Wohnungsnot mit der Suche nach sozialistischen Lebensformen einen besonders günstigen Boden geschaffen hatte. Zu einem eindeutigen Ergebnis haben aber auch die sowjetischen Kommunehäuser nicht geführt, weder im Bauprogramm noch im Aussehen. Von hotelähnlichen Lösungen spannte sich der Bogen bis zu Einrichtungen, die nur noch dasjenige Minimum an Privatsphäre gewähren sollten, das zur Fortpflanzung unentbehrlich schien. In welchem Umfang die sowjetischen Versuche von früheren Ideen Corbusiers befruchtet wurden, läßt sich noch nicht mit Sicherheit sagen; ein Zusammenhang aber liegt auf der Hand. Möglicherweise ist es so gewesen, daß zuerst die sowjetischen Architekten von Corbusier lernten und daß dann in einer zweiten Phase ihre Arbeiten wiederum für Corbusier anregend waren.[212] Trotz solcher Berührungspunkte wiegen die Unterschiede schwer: Während es den sowjetischen Architekten in ihrer Mehrheit darum zu tun war, die als bürgerlich und damit implizit auch als konterrevolutionär deklarierte Privatsphäre möglichst zu reduzieren, ging es Le Corbusier um die Verbesserung eben dieser Privatsphäre.[213]

WOHNEINHEITEN: Zur architektonischen Grundlage der späteren Lösungen wurde ein Typus, den Corbusier für das Pariser Haus der Schweizer Studenten gefunden hatte: ein Einzelblock, vom Boden abgesetzt und auch nicht beliebig fortsetzbar, der sowohl die Wohnräume wie die Gemeinschaftseinrichtungen enthält.[214] Die Situation war insofern günstig, als das zeitweilige Zusammenleben von Studenten mit den Bedingungen eines Klosters zweifellos eher vergleichbar ist, als es das Zusammenleben kinderreicher Familien wäre. Zur Gemeinsamkeit der Lebenssituation kam ja noch die der Nationalität innerhalb einer ausländischen Stadt – alles Voraussetzungen, die bei den «Unités d'habitation» der Nachkriegszeit nicht mehr gegeben waren. Dafür trat bei ihnen das Grundproblem aller solcher Einheiten ungleich schärfer hervor. Es besteht darin, daß ihre Größe keiner vorhandenen Sozialstruktur entspricht, so daß die Architektur durch ihren Namen und ihre Form einen Zusammenhang und eine Gemeinsamkeit verheißt, die faktisch gar nicht bestehen, sondern sich günstigstenfalls erst nach Vollendung und Benutzung des Baues allmählich herausbilden könnten. So ehrlich und glaubwürdig Corbusiers Wille war, mit seinen Wohneinheiten der Menschheit zu dienen, so wenig hielt er es für nötig, sich an bestehenden oder doch wenigstens konkret erkennbar werdenden sozialen Zusammenhängen zu orientieren. Sozialstrukturen waren für ihn nicht Voraussetzung und Ausgangspunkt des Bauens, sondern dessen Resultat. Nicht objektive Daten gaben die Richtschnur, sondern die Postulate einer persönlichen Gesellschaftslehre. Auch in seinen späteren Jahren scheint er keinen Zweifel gehegt zu haben, daß die Entscheidung über das sozial Richtige und Wünschenswerte Sache des Architekten sei. Die Wohneinheiten, so erklärte er, *sind auf psycho-physiologischer Konstanten gegründet und haben das Ziel, die Existenzbedingungen zu erleichtern und die körperliche und geistige Gesundheit der Bewohner zu gewährleisten. Sie erstellen die zu einer gesunden Erziehung notwendigen Einrichtungen, bringen Lebensfreude und rufen eine soziale Gesinnung hervor, die für die Gemeinde von größter Wichtigkeit ist.*[215]

Die berühmteste, umstrittenste und wohl auch bedeutendste dieser Wohneinheiten ist die von Marseille. Zur ersten Orientierung einige Hinweise: Die Unité soll ein Wohnkonzept bieten *für die neuen Generationen des Maschinenzeitalters. 1. Leben der Familie in ihrem Bereich (individuelle Freiheit für jedes der Mitglieder . . . Unabhängigkeit jedes der Bereiche), 2. Normalisierung und Standardisierung der Konstruktionselemente des Baus . . . bei der von heute ab realisierbare Serien der Großindustrie eingeführt werden, die es auf diese Weise auch der Baukunst erlauben, sich dem Rhythmus der gegenwärtigen Produktion einzufügen. 3. Verwendung der Methoden und Mittel moderner Organisation und Technik, um Schnelligkeit in der Produktion zu erreichen sowie Effizienz der Produkte und eine sensationelle Senkung der Kosten.*[216]

An anderer Stelle erfährt man auch Einzelheiten wie die Maße: *165 m lang, 24 m tief, 56 m hoch, das Gebäude steht auf Pfeilern, so daß der Boden für den Fußgängerverkehr, einen Autoparkplatz und Fahrradwege frei ist. In der Eingangshalle befindet sich ein Portiersraum. In der über den Pfeilern liegenden künstlichen Grundfläche sind die Maschinerie für die Luftkonditionierung und die Liftanlage, ferner die Dieselmotoren, installiert. Das Gebäude enthält 337 Wohnungen von 23* verschiedenen Typen. *Der kleinste Wohnungstyp ist für Alleinstehende oder kinderlose Ehepaare bestimmt, der größte für Familien mit 4–8 Kindern. – Je zwei Wohnungen sind längs des Korridors, der die «innere Straße» bildet, ineinandergefügt. Die Standardwohnungen sind zweistöckig ... Das über zwei Etagen gehende Wohnzimmer ist 4,80 m hoch. Die Glaswand von 3,66 m Breite und 4,80 m Höhe gewährt eine prachtvolle Aussicht. Die Kücheneinrichtung gehört zur Wohnung und besteht aus Dreilochherd (elektrisch), zweiteiligem Spültisch mit automatischer Kehrichtentfernung, Kühlschrank, großem Arbeitstisch, verschiedenen Wandschränken und Gestellen ... Der Zugang zu den Appartements erfolgt durch fünf übereinanderliegende «innere Straßen». In halber Höhe des Gebäudes (7. und 8. Stockwerk) befindet sich die Straße mit den Lebensmittelgeschäften (Fleisch, Wurstwaren, Kolonialwaren, Fische, Weine, Milch und Milchprodukte, Backwaren, Obst und Gemüse, fertige Gerichte) mit Zubringerdiensten in die Wohnungen. Ein Restaurant, eine Snackbar und ein Tea Room dienen der Verpflegung. Ferner sind vorhanden: Wäscherei, Glätterei, Chemische Reinigung und Färberei, Drogerie, Friseur, Post, Tabakladen, Zeitungskiosk, Buchladen, Apotheke. An der gleichen «inneren Straße» liegen die Hotelzimmer für die Gäste. Im obersten (17.) Stockwerk sind Krippe und Kindergarten eingerichtet, die mit einer für die Kinder reservierten Dachterrasse mit Schwimmbassin verbunden sind. Auf dem Dachgarten befinden sich Aussichtsturm, Sonnenbad, Turnhalle, Freiluftturnplatz, eine Trainingsbahn von 300 m Länge, Buffet – Bar usw.*[217] Nicht einzelne Zimmer waren also zu verbinden, sondern ganze Wohnungen, und dies machte im Innern Straßen erforderlich. Aus der Villenarchitektur stammt der Dachgarten und von den *Villas-Immeubles* die Konzeption der Wohnung als einer zweigeschossigen, in sich wie ein Einzelhaus gebildeten Einheit. Durch das Ineinanderfügen dieser Einheiten wurde allerdings deren Aufteilung nicht unerheblich präjudiziert. So konnten zum Beispiel die Zimmer nur hintereinander angeordnet werden, nicht etwa um ein Zentrum, was schon für den Verkehr innerhalb der Wohnung beträchtliche Schwierigkeiten mit sich bringt. Auch die Tatsache, daß jeder, der die Wohnung betritt, das Wohnzimmer passieren muß, bleibt für die Benutzung nicht ohne Konsequenzen (s. Abb. S. 92/93 unten).

Noch schwierigere Probleme stellten die öffentlichen Teile der Wohneinheit. Die Innenstraßen zum Beispiel, die der Architekt als *außerordentliche und geheimnisvolle Symphonien von Farben*[218] beschrieb, während sie von vielen Kritikern als triste Gänge geschmäht wurden, veranschaulichen die Grenzen des Konzepts mit besonderer Schärfe. Nimmt man den Anspruch ernst, daß die Wohneinheiten *vertikale Städte* seien, dann muß man ihre Gänge mit den Hauptstraßen eines Ortes von etwa 1600 Einwohnern vergleichen, dessen Straßen schon deshalb weit mehr bieten als nur Zugang zu den Wohnungen, weil sie Lebensbereiche eigenen Rechts und eigener Funktion sind. Dagegen muß der Bewohner der Marseiller Unité, der seine Wohnung am Ende eines Flurs

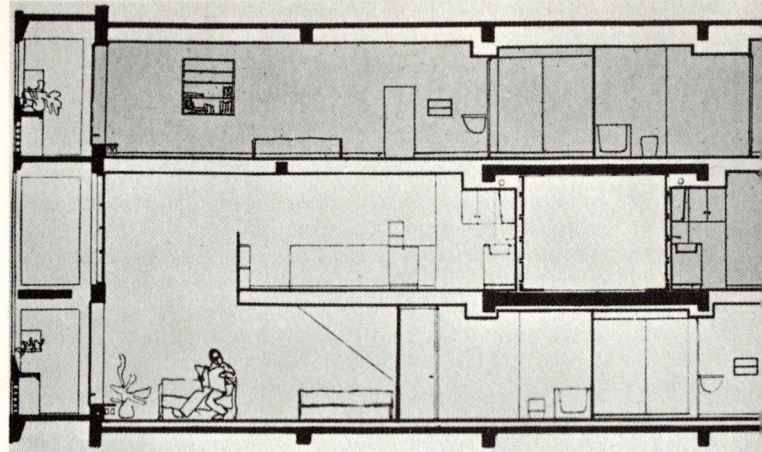

hat, fast 100 Meter zurücklegen, um auch nur zum Fahrstuhl zu gelangen, der ihn nach einigem Warten ins Ladengeschoß, auf das Dach oder nach unten bringt. Der Unterschied zu den Überlagerungen und Verschränkungen der Tätigkeiten in einer Kleinstadtstraße ist offenkundig. In der vertikalen Stadt der Wohneinheit werden viele herkömmliche Strukturen zerstört. Nur teilweise treten neue an ihre Stelle, und deren Notwendigkeit und Berechtigung sind in der Regel keineswegs gesichert. Spätere Unités wie die von Nantes und Berlin [219] wurden durch die Bauherren zu reinen Wohnblocks reduziert, die Gemeinschaftseinrich-

*Grundriß einer Wohnung
der Wohneinheit Marseille*

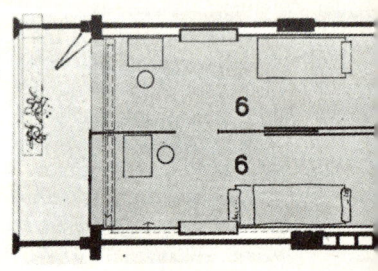

*2: Eingang, 3: Wohnzimmer mit Küche,
4: Elternzimmer mit Bad, 5: Garderobe,
6: Kinderzimmer, 7: Freiraum über
dem Wohnzimmer*

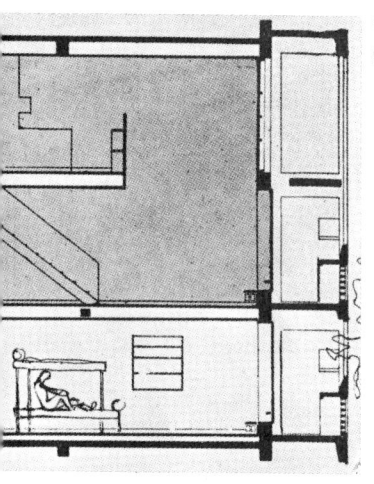

Wohneinheit Marseille:
Querschnitt durch zwei Wohnungen

tungen entfielen. Daß diese Amputation so leicht war, weist auch auf eine Schwäche des ursprünglichen Konzepts, dem der Rückhalt fehlt, den nur die soziale Realität geben könnte, nicht allein der gute Wille des Architekten.

Am engsten und überzeugendsten gelang die Verbindung räumlicher und sozialer Imagination (Giedion [220]) immer da, wo Le Corbusier sich seiner Phantasie überlassen konnte und seine Weltanschauung in den Hintergrund trat. In Marseille war dies vor allem auf dem Dach der Fall, wo aus der freien Gestaltung so heterogener Gebilde wie Abzugs-

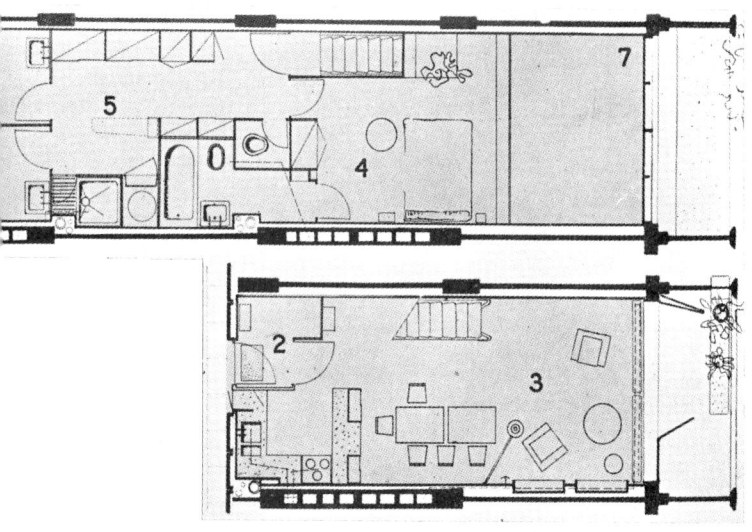

schacht, künstlicher Erdhaufen, Turnhalle und Planschbecken nicht nur eine abwechslungsreiche architektonisch-skulpturale Szenerie entstand, sondern auch eine im ganzen glückliche Balance zwischen den festgelegten Funktionen und den Freiräumen, in denen sich neue Funktionen ansiedeln und entfalten können. Auf dem Dach hat der Künstler Corbusier erreicht, was der Planung des Innern so schmerzlich fehlt: das Nebeneinander, Ineinander und auch Durcheinander von Funktionen, deren Entfaltung weder durch übergroße Leerräume behindert wird noch durch voreilige Festlegungen. Dem Treiben der Kinder auf diesem Dach hat Corbusier eines seiner persönlichsten Bücher gewidmet [221], und ein Foto davon soll der einzige Schmuck seines Pariser Arbeitszimmers gewesen sein.

Die veränderte Weltanschauung, die Einbeziehung der Landschaft, die neuen Materialien und die Erfindung der Sonnenblenden bereiteten in den dreißiger Jahren – auf verschiedenen Ebenen und zunächst ohne deutlichen Bezug aufeinander – tiefgreifende Veränderungen vor. Die endgültige Wendung zu einer im Kern ahistorischen, wenn nicht gar primitivistischen Ästhetik, die nicht auf Einzelelemente und Ausnahmesituationen beschränkt blieb, sondern Le Corbusiers gesamtes Bauen umformte, scheint aber erst der Wohnblock in Marseille gebracht zu haben. Bei ihm sind die vorher nur nebeneinander wirksamen Elemente zu einer neuen Synthese vereinigt. Schon im Außenbau verbinden sich die massiven Stützen, die breitbeinig den Bau in die Höhe halten, mit den Sonnenblenden der Außenwände und mit der skulpturalen Ausgestaltung der Dachzone zu einer Gesamtwirkung, die auch im Werke Corbusiers neuartig ist. Selbst das so moderne Material des Eisenbetons trat nun in den Dienst einer Baukunst von betont einfachem und elementarem Habitus.

Den Anstoß sollen auch in Marseille die Produktionsbedingungen gegeben haben. In einem nachträglichen Bericht heißt es, dieser Bau habe der neuen Architektur die Gewißheit gebracht, daß Eisenbeton, als Rohmaterial verwendet, ebensoviel Schönheit besitze wie andere Materialien. Es scheine *nunmehr möglich, den Beton, wie Stein, in seinem Rohzustand zu zeigen* [222]. Über die Arbeitsbedingungen wird bewegte Klage geführt: *Der Bau ... dauerte fünf schwierige und gefährliche Jahre, wobei die Zusammenarbeit dauernd gestört war. Denn die verschiedenen Unternehmer waren nicht aufeinander abgestimmt. Die Arbeiter erwiesen sich gegeneinander als gleichgültig ... So führten zum Beispiel die mit der Ausführung der Betonarbeiten beauftragten Arbeiter und die Zimmerleute, die die Verschalungen herstellten, ihre Arbeit in der Meinung aus, die Fehler würden, wie es sonst üblich ist, durch Verputzen oder Bemalen aus der Welt geschafft. An allen Ecken und Enden des Bauplatzes zeigte sich die fehlerhafte Ausführung! ... Auf dem rohen Beton sieht man die kleinsten Zufälligkeiten der Schalung: die Fugen der Bretter, die Holzfibern, die Astansätze usw. ... Nun gut, diese Dinge sind herrlich anzuschauen. Sie sind interessant zu beobachten*

Wohneinheit Marseille, 1947–52

und bereichern ein wenig die Phantasie.²²³ Aus dieser Not, so Corbusier, entstand eine neue Idee. *Ich versuchte, ein Zwiegespräch zwischen Roheit und Feinheit, zwischen Mattem und Leuchtendem, zwischen Präzision und Zufälligkeit herbeizuführen und die Menschen auf diese Weise zur Beobachtung und zum Nachdenken zu bringen.*²²⁴ Einem ausgesuchten Arbeiter bezeichnete Corbusier Stellen, an denen *er mit seiner Maurerkelle wie ein Bildhauer mit seinem Meißel zu wirken hatte. Und so hat das Wunder sich vollzogen. Die Kontraste haben gewirkt. Mit der Verwendung von Farben und der Hilfe der Maurerkelle ist die Schönheit des rohen Betons sichtbar geworden,* die den Architekten an den Kontrast zwischen der rauhen Rinde und den zarten Blüten eines Kirschbaums erinnerte und die Menschen mahnen sollte, *daß das Leben ein Spiel ist und daß die Befriedigung nicht aus einer passiven Betrachtung der Dinge, sondern aus einer gewonnenen Schlacht ... hervorgeht.*²²⁵

Wohneinheit Marseille: das Dach

CHANDIGARH

VORAUSSETZUNGEN: Während der zwanziger Jahre hatte Le Corbusier die einzelnen Bauaufgaben relativ unabhängig voneinander entwickelt – als je eigene, gesonderte Probleme. Bezeichnenderweise waren in Stadtmodellen wie der *Ville Contemporaine* und dem *Plan Voisin* weder Wohnhäuser vom Typus seiner eigenen Villen vorgesehen noch auch öffentliche Bauten wie die, die er für den Völkerbund und die SowjetUnion entwarf. Verantwortlich für dieses Nebeneinander ist die Isolation der einzelnen Funktionen, die zunächst in sich analysiert werden, um dann, als getrennte, wieder einander zugeordnet, nicht aber ineinander integriert zu werden. Im Laufe der dreißiger und vierziger Jahre hatten sich in Corbusiers Œuvre mehrere Veränderungen vollzogen, die sich auch auf das Verhältnis der Bauaufgaben auswirken sollten. Im Städtebau war Corbusier, angeregt vermutlich durch die zunehmend reduzierten Planungen für Algier [226], immer mehr von den Makrostrukturen seiner früheren Pläne – ob mäanderartig gewinkelt oder frei geschwungen – abgekommen. Er ging dazu über, mit Einzelgebäuden zu arbeiten, bei denen er nicht mehr nach Typisierung strebte, sondern danach, eine möglichst individuelle, ja auffällige Gestalt zu finden. Auf plastisch prägnante Einzelbauten trifft man bei Corbusier in den folgenden Jahren immer wieder, und für seine vielen urbanistischen Planungen nach dem Zweiten Weltkrieg wurden sie sogar bestimmend, da auch im Bereich des Wohnens an die Stelle der zu beliebig großen Verbänden montierbaren Wohnzellen die Einzelbauten der «Unités» getreten waren.

Besonders berühmt und einflußreich wurde der unmittelbar nach Kriegsende erarbeitete Plan für den Wiederaufbau von Saint-Dié. Er sah *am linken Ufer der Meurthe, und der ursprünglichen Stadt gegenüber, eine Reihe von Fabriken ... aus genormten Elementen vor, deren gesamte Front 1200 m beträgt. Auf dem anderen Ufer sind Wohnungen für die 10 500 Bewohner geplant, teils in fünf Wohneinheiten für je 1600 Bewohner, teils in Einfamilienhäusern, die an den in die Stadt führenden Längsstraßen erstellt werden. Das Herz der Stadt bildet das Verwaltungszentrum, in dessen Mitte sich das Gebäude für die städtischen und staatlichen Ämter erhebt. Das Verwaltungszentrum wird auf einer Seite begrenzt durch Cafés, Restaurants, kleine Läden, Reisebüros usw., auf der anderen Seite durch kulturelle Institutionen, wie Versammlungssäle und ein ... Museum.* Auf dem Hügel hinter dem Verwaltungszentrum steht die Kathedrale mit ihrem Kloster.[227] Das Arbeiten mit Einzelbauten erlaubte eine freiere Zuordnung der Gebäude und damit einen engeren Zusammenhang, als es bei einer Stadt vom Typus der *Ville Contemporaine* möglich gewesen wäre. Besonders gerühmt wurde an der Planung von Saint-Dié das Stadtzentrum, das hier tatsächlich wieder zu einer vordringlichen Aufgabe erhoben wurde. Es war als Fußgängerzone gedacht, und die Wege waren so geführt, daß man es auch

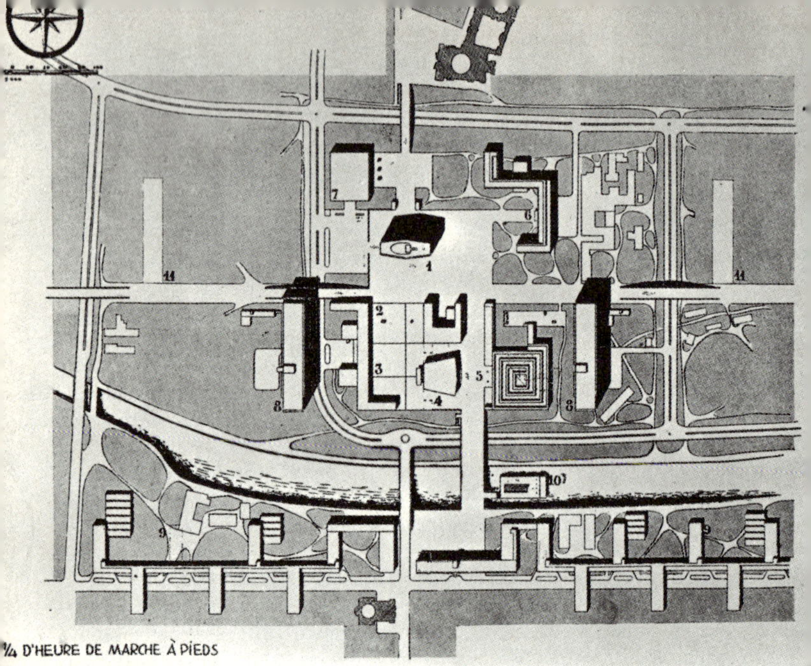

¼ D'HEURE DE MARCHE À PIEDS

Planung Saint-Dié, 1945

Stadtzentrum Saint-Dié. Skizze

auf dem Weg von und zur Fabrik hätte passieren können. In seiner Anlage und seiner Definition ist der Bereich der öffentlichen Verwaltung mit dem des Konsums und der Freizeit verbunden. Dieser Versuch einer Funktionsverschränkung mittels der Planung ist oft nachgeahmt worden, doch wurde dabei nicht selten übersehen, daß der Erfolg ganz wesentlich an die Größenordnungen gebunden ist. Bei der Mittelstadt Saint-Dié, deren Zentrum man in fünf Minuten bequem hätte durchqueren können, wäre eine Integration durch den Gebrauch wohl möglich gewesen. Auf großstädtische Dimensionen übertragen hätte diese Planung ihre Ziele hingegen nur unter den größten Schwierigkeiten erreichen können, und daran hätte wohl auch die positive Neubewertung der öffentlichen Bauten nur wenig geändert.

Der indische Auftrag: Die bedeutendsten öffentlichen Bauten Le Corbusiers und die einzigen, die nicht Entwurf blieben, wurden weder aus Europa noch aus Amerika in Auftrag gegeben, sondern aus Indien. Nur selten ist einem Architekten der Avantgarde ein so umfangreicher und schwieriger Auftrag zugefallen wie das Kapitol von Chandigarh. Nachdem ein Nehru bekannter Amerikaner, Albert Mayer, einen ersten Generalplan erarbeitet hatte, wurde mit M. Nowicki zunächst ein damals fast unbekannter junger Architekt mit dem Entwurf der Einzelgebäude betraut. Als Nowicki plötzlich starb, wurde Corbusier berufen, der sich die Mitarbeit von Pierre Jeanneret, Maxwell Fry und Jane Drew sicherte, die sich vor allem um die Planung der Stadt Chandigarh zu kümmern hatten, während er selbst sich auf das Kapitol konzentrierte.[228]

Der erbitterte Kampf zwischen Hindus und Moslems, der nach dem Ende der englischen Kolonialherrschaft entbrannte und 1947 mit der Teilung des Subkontinents in die beiden Staaten Indien und Pakistan endete, hatte die Provinz Pandschab in zwei Teile gespalten. Unruhen, Hunger und zahllose Flüchtlinge kennzeichneten die Lage im Ostteil. Die alte Provinzhauptstadt Lahore war an Pakistan gefallen, einen Ersatz gab es nicht. Aber stärker noch als die Notwendigkeit einer neuen Hauptstadt scheint der Wille gewesen zu sein, ein Zeichen zu setzen für die Überlebenskraft und das Zukunftsvertrauen des neuen Staates. Nehru erklärte: «Laßt dies eine neue Stadt sein, ein Symbol für die Freiheit Indiens. Unbeirrt von den Traditionen der Vergangenheit ... ein Ausdruck für den Glauben der Nation an die Zukunft.»[229]

Wie solche Ziele architektonisch Ausdruck finden könnten, blieb offen. Eine regionale oder auch nur allgemein indische Bautradition, die lebendig oder wenigstens regenerierbar gewesen wäre, scheint es nach der Kolonialzeit nicht mehr gegeben zu haben. *Hier begann ein großes architektonisches Abenteuer, bestanden mit den Hilfsmitteln einer extremen Armut, mit Arbeitskräften, die an moderne Technik nicht gewöhnt waren, mit einem Klima, das schon allein ein gewaltiger Widersacher wäre, und mit einer indischen Bevölkerung, deren Ideen und Be-*

dürfnissen zu entsprechen war, ohne ihr eine abendländische Ethik und Ästhetik aufzuzwingen ... Sonne und Regen werden zu den Hauptfaktoren einer Architektur, die zugleich Regen- und Sonnenschutz sein muß ... Der Schatten muß als Problem Nr. 1 betrachtet werden ... Dabei erwies der Sonnenbrecher seinen ganzen Wert bei der Überwindung der klassischen Stile. Er beschränkt sich nicht allein auf die Fenster, sondern erstreckt sich über die ganze Fassade.[230]

So unbestreitbar die extremen klimatischen Bedingungen von Chandigarh sind, so wenig selbstverständlich ist es doch, daß die politische Bedeutung der Hauptstadt und besonders die ihres Kapitols bei Corbusier überhaupt nicht diskutiert wird. Wichtiger als gesellschaftliche Faktoren schien ihm – seiner Weltanschauung getreu – die Sonne, die das gesamte indische Leben präge und sogar für die moderne Wirtschaft der neuen indischen Gesellschaft der entscheidende Faktor sei.

Sein eigenes Verständnis der Aufgabe beschrieb Le Corbusier so: *Nicht oft hat man im vergangenen Jahrhundert Gelegenheit gehabt, ein vergleichbares Projekt zu riskieren, oder man hat, wenn die Gelegenheit sich bot, völlig vergessen, sie zu ergreifen. Hier in Chandigarh dagegen war sich Le Corbusier der ungeheuren Verantwortung durchaus bewußt, die er auf sich lud – und zwar sowohl unter dem Gesichtspunkt der Technik als auch unter dem der Architektur. Ästhetische und ethische Verantwortung bestimmen in gleichem Maße diese Arbeit – eine Ethik der Loyalität, der Ehrenhaftigkeit und des Geschicks im Gebrauch der Mittel sowie in den Beziehungen, die nötig sind, um sie einzusetzen. Folkloristische und kunsthistorische Gesichtspunkte haben in einem solchen Unternehmen keinen Platz.*[231]

DER GERICHTSHOF: Für den Gerichtshof waren insgesamt acht Säle erforderlich, und außerdem noch einer für das Oberste Gericht. Hinzu kamen die entsprechenden Büroräume. Le Corbusier hat zwischen glatte Schmalseiten zunächst ein großes, beschirmendes Dach eingestellt und unter dieses, optisch von ihm getrennt, die Gerichtssäle: links vom Eingang den Obersten Gerichtshof und rechts die acht untergeordneten Gerichte. Die Verteilung der Sonnenblenden betont deren Eigenständigkeit, aber dank des gemeinsamen Dachs überwiegt der Eindruck der Zusammengehörigkeit. Zwischen dem Obersten Gerichtshof und den acht anderen bilden die unverhüllt sichtbaren Dachstützen einen monumentalen Vorraum, der durch quergestellte Rampen abgeschlossen wird, die in die Obergeschosse führen.

Mit den architektonischen Gesten des Aufstehens (in den Stützen) und des Auffangens (im Dach) ist vor Augen gestellt, daß dieses Gebäude vor allem Schutz vor den Naturgewalten Sonne und Monsun bieten soll. Die Abrundung der Stützen und das scheinbare Eindringen ihrer Schäfte in das unregelmäßig geformte Dach gibt diesem Schützen einen dynamischen Zug, der von den nach oben ausladenden Fassaden

Chandigarh: der Gerichtshof, 1956

Der Gerichtshof: Eingangshalle

der Gerichtshöfe aufgenommen und verstärkt wird.

Der besseren Kühlung wegen, aber wohl auch, um die Offenheit und Zugänglichkeit der demokratischen Justiz anzuzeigen, ist das Gebäude vorn überall offen. Der öffentliche Raum, den Le Corbusier in der großen Halle geschaffen hat, ist jedoch eher von symbolischer Bedeutung, denn praktisch benutzt wird er in der Regel nur von den Justizbeamten. Die Rechtsuchenden dagegen warten draußen, direkt vor dem für sie zuständigen Gerichtshof, wo sie – trotz der pathetischen Schutzgestik der Architektur – lange hilflos dem Wetter ausgesetzt waren. Schon nach wenigen Jahren mußte dem Gerichtsgebäude deshalb ein unansehnliches niedriges Schutzdach vorgestellt werden, das zwar die Wirkung des Bauwerks aufs empfindlichste stört, aber wenigstens den Wartenden Schutz bietet.[232] Zu solchen Konflikten zwischen architektonisch symbolisierten und faktisch wahrgenommenen Funktionen kommt es auch bei den Rampen im Rücken der Haupthalle, die so sehr dem Monsunregen ausgesetzt sind, daß sie oft kaum benutzt werden können. Albert Mayer, dem ersten Planer von Chandigarh, wird die Bemerkung zugeschrieben: «Die große Halle, die große Rampe, die riesigen Säulen erzeugen eine edle und machtvolle, fast elementare Wirkung» – nur sei das Justizgebäude eher «ein sprechendes Werk der Skulptur als wirkliche Architektur»[233].

DAS PARLAMENT: Zum ungewöhnlichsten und auch umstrittensten Bau des Kapitols wurde das Parlament, das 1962, sechs Jahre nach dem Gerichtshof, eingeweiht wurde. Im Unterschied zum Gerichtshof sind die Teile nicht mehr einer geschlossenen Rechteckform eingepaßt, sondern voneinander abgehoben und teilweise sogar isoliert. So hat sich die Vor-

Das Parlament (Südostfassade), 1962

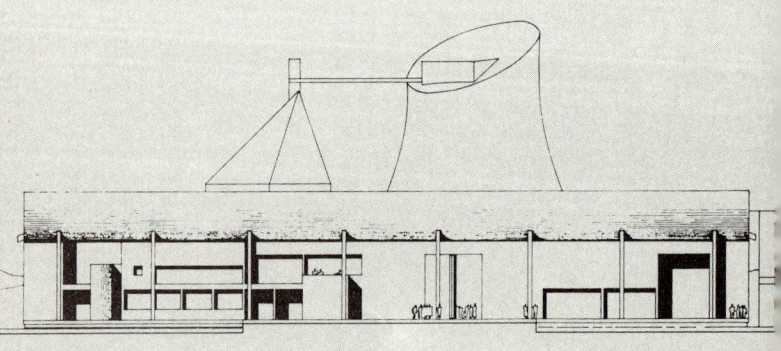

SOUTH-EAST FAÇADE ; PRINCIPAL

Parlament: die Vorhalle

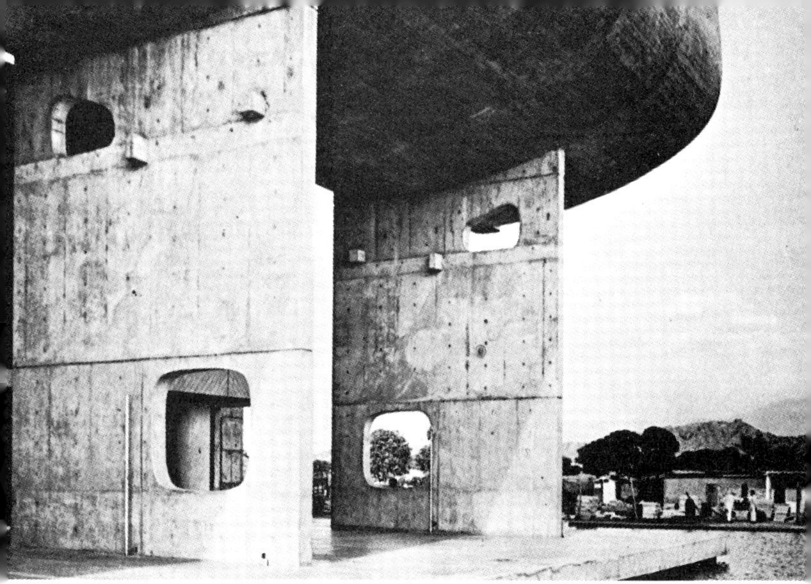

halle, die in den ersten Entwürfen noch innerhalb des Gebäudes lag, in der Schlußform verselbständigt und steht als eigener Bau vor dem Parlamentsgebäude. Über dem wie von Götterhand aufgestülpten Vordach wird von weitem eine Pyramide sichtbar, die sich einem größeren Zylinder zuneigt, mit dem sie hoch oben in der Luft durch eine schmale Brük-

Schnitt durch das Parlamentsgebäude

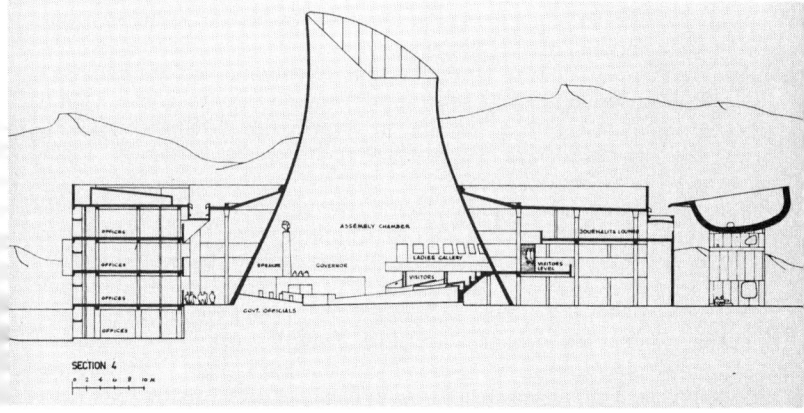

Modell des Gouverneurspalastes von Chandigarh

ke verbunden ist. Die Form dieses Zylinders ist den Kühltürmen einer Fabrik nachgebildet, die auf einer Reise Corbusiers Interesse erregt hatten.[234] In Chandigarh beherbergt dieser Zylinder den Plenarsaal, während die Pyramide einen kleineren Beratungssaal für den Gouverneursrat überdacht. Um den Plenarsaal legt sich ein riesiges, dreigeschossiges und von zahlreichen Rundpfeilern durchsetztes Foyer, das den informellen Kontakten der Abgeordneten dienen soll. Rückwärts schließt sich ein viergeschossiger Bürotrakt an.

Der Grundriß dieses Gebäudes ist schon wegen des Wegesystems höchst komplex, das die verschiedenen Benutzer- und Besuchergruppen möglichst frühzeitig zu trennen suchte. Dabei ergibt sich der gleiche Widerspruch, der schon bei Corbusiers Sowjetpalast zu beobachten war: Züge, die anschaulich, ja symbolisch herausgestellt werden, wie Offenheit, Freiheit des Zusammentreffens und Kommunikation, erweisen sich als trügerisches Bild, weil schon die Wege und deren Trennung ihre Verwirklichung verhindern. Selbst die ästhetisch zweifellos faszinierenden Raumeindrücke und Raumfolgen innerhalb des Parlamentsgebäudes bleiben das Privileg weniger.

Als «Krönung des Kapitols» hatte Corbusier einen Gouverneurspalast vorgesehen, dessen Bau aber an dem Einspruch Nehrus scheiterte, der so viel Aufwand beim Gouverneur eines demokratischen Staates für unangemessen hielt.[235] Seinen vielfältigen Aufgaben entsprechend sollte dieser Bau ein auf den ersten Blick verwirrend vielformiges Äußeres bekommen: Über einem Kellergeschoß mit Büros und Diensträumen sollten zwei funktional und formal zusammengehörende Geschosse den dienstlichen Empfängen und Banketts dienen. Auf diesem Sockel hätte sich dann, ebenfalls zweigeschossig, die Wohnung des Gouverneurs erhoben, und über dieser schließlich, wiederum deutlich abgesetzt, eine Dachterrasse mit weitem Ausblick auf das Kapitol und seine Umgebung. Vor dem Haus war ein Bezirk aus Symbolen und künstlichen Geländetrassierungen geplant, der durch die Bauskulptur des Gouverneurspalastes wirkungsvoll abgeschlossen worden wäre.[236]

Le Corbusier geriet bei diesem Entwurf in ein Zwischenreich, für das die herkömmlichen Gattungsgrenzen nicht mehr gültig sind, und in dem die Aufgaben immer stärker Anlaß und immer weniger Thema der architektonischen Arbeit werden. Es ist nicht ohne einen Zug von tragischer Ironie, daß Le Corbusiers späte Architektur, die eine bis dahin kaum gekannte Freiheit des Komponierens erreicht hatte, oft kein wirkliches Thema mehr fand und sich deshalb oft nur mühsam des Formalismus erwehren konnte.

Bei aller Verschiedenheit stimmen die Berichte über Chandigarh in dem einen Punkt überein, daß für die Beurteilung der Bauten auch deren Lage in einer weiten, in der Ferne von den Bergen des Himalaya begrenzten Ebene berücksichtigt werden muß. Bezeichnenderweise hat Corbusier gleich zu Beginn seiner Arbeit den Platz des Kapitols so verschoben, daß die Gebäude höher zu stehen kamen als ursprünglich vorgesehen war, so daß der Zusammenhang zwischen Architektur und Landschaft deutlicher wurde und in diesem auch der Akt der Besitzergreifung des Landes durch den neuen Staat und seine Architekten. Hier endlich konnte Corbusier verwirklichen, was er schon in *Vers une architecture* als einen grundlegenden Akt des Menschen gepriesen und auch später noch pathetisch gefeiert hatte.[237]

Bis in die Struktur der Einzelgebäude ist diese Gestik des Besitzergreifens, Raumabsteckens, Obdach-Schaffens zu erkennen, und viele Einzelformen und Proportionen werden überhaupt erst dann verständlich, wenn man sie nicht isoliert sieht, sondern in bezug auf die großen Gesten architektonischer Landnahme. Man begreift dann auch die Hartnäckigkeit, mit der Corbusier die schnell erforderlich werdenden Ergänzungsbauten zu verhindern oder doch zu verstecken suchte. Sogar bei einer Kunstschule in der Nähe des Kapitols sorgte er dafür, daß sie *mit den in Indien üblichen rotbraunen Backsteinen gebaut oder wenigstens verkleidet werden müsse: damit wollte er verhindern, daß Bauwerke in Sichtweite des Kapitols seine Repräsentationsbauten aus Beton überspielen*[238].

Selbst die Placierung der Bauten war für Le Corbusier primär ein ästhetisches, nicht etwa ein funktionales Problem: *Die Frage der Optik wurde entscheidend, als man Entschlüsse über den Standort der Groß· bauten fassen mußte.*[239] Er berichtet: *Man hatte sich eine erste Besitzergreifung des Geländes vorgestellt. An den Gebäudeecken wurden schwarze und weiße Masten aufgestellt. Man stellte fest, daß die Gebäudeabstände übermäßig groß waren. Ängstlich, ja unter Qualen, hieß es, auf diesem grenzenlosen Gelände Entscheidungen in einem pathetischen*

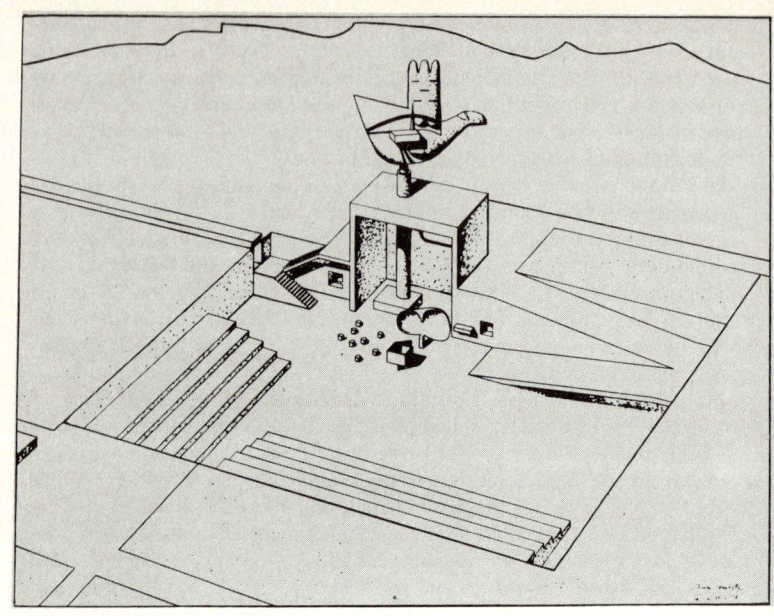

Entwurf für das «Denkmal der Offenen Hand»

Selbstgespräch zu treffen! Ganz allein mußte ich urteilen und einen Entschluß fassen. Es handelte sich nicht mehr um ein Problem des Verstandes, sondern um eines des Gefühls ... Man mußte die Ebene in Beschlag nehmen. Das geometrische Ereignis war in Wirklichkeit ein Bildwerk, das man sich vorstellen mußte ... Es ging um eine Spannung mathematischer Natur, die ihre Früchte erst nach der Fertigstellung der Bauten tragen würde ... Es war ein Kampf um Zwischenräume, der im Kopf ausgetragen werden mußte.[240]

In der Praxis bestand dieser Dialog vor allem in der Suche nach Kunstgriffen, die die Beziehung zwischen den weit voneinander stehenden Gebäuden verbessern könnten. Die Distanz, die den Gouverneurspalast vom Hauptplatz trennte, *war so groß, daß ein optisch verheerendes Auseinandertreten zu befürchten war. In der Betrachtung des Spiels der Wasserreflexe ... fand Le Corbusier Bestätigung für die Idee, daß die Verwendung von verschieden hoch gelegenen Wasserbassins eine wertvolle optische Annäherung bringen könnte. So stellten sich strikt mathematische Verbindungen her zwischen Phänomenen der Landschaft – Phänomenen der Entfernung und der Ausdehnung – und der Mathematik ... Keine dekorative Idee ... sondern Klarheit der Intention und Poesie der Bezüge.*[241]

Je länger Le Corbusier für Chandigarh arbeitete, desto wichtiger scheint ihm die Symbolik seiner Bauten geworden zu sein, aber desto tiefer wurde auch die Kluft zwischen dem zunehmend bedeutungsträchtigen Charakter seiner Formen und den meist ebenso abstrakten wie subjektiven Bedeutungen, denen sie Ausdruck geben sollten. Eine präzisere politische Symbolik als die, daß Chandigarh überhaupt gebaut wurde, war wohl weder gefordert noch möglich, und in dem dadurch entstandenen Vakuum konnte Le Corbusier, besonders in den Zwischenräumen und an den Rändern des Kapitolsbezirkes, das ganze Repertoire von Symbolen verwerten, das im Laufe der Jahre bei ihm zusammengekommen war. Die erste Anregung soll seine Mitarbeiterin Jane Drew gegeben haben, die ihm vortrug, er sei es sich schuldig, mitten auf dem Kapitol ein Zeichen zu errichten, durch das er seine städtebaulichen Ideen und seine philosophische Weltanschauung ausdrücke, denn diese Zeichen seien der Schlüssel der ganzen Schöpfung Chandigarhs und verdienten es, bekannt zu werden.[242] Schon aus dem Vorschlag ergibt sich, daß diese Zeichen trotz ihres oft universalen Anspruchs subjektiv bleiben, Teil einer jeder Verbindlichkeit entratenden Privatsymbolik. Bezeichnenderweise war selbst das berühmteste und von Corbusier zum *Denkmal Chandigarhs* erhobenen unter ihnen nicht einmal für Indien erfunden worden.[243]

Erst in einem Brief an Nehru hat Corbusier nachträglich eine Beziehung zu Indien herzustellen gesucht: Die Hand sei geöffnet, *um die Reichtümer der Schöpfung entgegenzunehmen, geöffnet, um sie dem eigenen Volk und anderen zu verteilen. Die Offene Hand wird bestätigen, daß die zweite Ära des Maschinenzeitalters begonnen hat, die Ära der Harmonie.*[244]

Die Bauten für Chandigarh gehören bereits schon zu den Spätwerken, die sich wesentlich von den früheren Aufträgen unterscheiden, die Corbusier zugefallen sind. Weniger die allgemeinen Probleme, wie Wohnen und Städtebau, standen nun im Zentrum seiner Arbeit, sondern so spezielle Probleme wie die der Repräsentationsbauten eines Entwicklungslandes, einer Wallfahrtskirche, eines Bettelordensklosters und eines Ausstellungsgebäudes. Wie viele seiner Kollegen hätte allerdings auch Corbusier derartige Aufgaben so auffassen können, daß nicht das jeweils Besondere und Unwiederholbare zum Thema geworden wäre, sondern das Typische, auch anderswo Wiederkehrende. In seinen letzten Jahren aber hat er die Individualisierung so weit getrieben, daß die meisten der späten Bauten nur aus der Kenntnis der Auftragssituation und der örtlichen Bedingungen ganz verständlich werden. Andererseits hat er sich nicht gescheut, einmal gefundene Lösungen auch auf Bauten zu übertragen, die unter ganz anderen Bedingungen entstanden und bei denen die Gründe, aus denen die ursprüngliche Lösung ihre Berechtigung gewonnen hatte, überhaupt nicht mehr gegeben waren. Zum Beispiel hat er das nach langem Experimentieren gefundene Gehäuse für den Plenarsaal des Parlaments von Chandigarh der zentralfranzösischen Kleinstadt Firminy mit nur geringfügigen Änderungen als Kirche angeboten [245], und an der ingeniösen Lösung für das dortige Jugendhaus hat er auch dann noch festgehalten, als die Hindernisse, die sie überwinden sollte, gar nicht mehr existierten. Ursprünglich sollte das Ju-

Entwurf zum
Jugendhaus Firminy,
1963

gendzentrum *mit dem Stadion ... zusammen erstellt werden. Es hat eine ungewöhnliche Lage auf der Rückseite der Tribünen des Stadions ... Die zwei Bauten waren eng miteinander verbunden. Da aber zeigte sich, daß das Stadion* einem anderen Ministerium unterstellt war ... *Es wurde angeordnet, daß das Volksbildungs- und Jugendhaus am anderen Ende des vorgesehenen Terrains erstellt werden müsse. Da aber die erste Lösung eine Fülle von Vorteilen ... ergab, hielt Le Corbusier an seiner Lösung fest. Daher kommt die ungewöhnliche Form des Gebäudes.*[246]

DIE WALLFAHRTSKIRCHE: Zum berühmtesten Bau Le Corbusiers, vielleicht zum berühmtesten Einzelgebäude der modernen Architektur überhaupt, wurde die Wallfahrtskirche von Ronchamp, die inzwischen wohl mehr ihrer Architektur als ihres Marienbildes wegen zum Ziel ungezählter Wallfahrten geworden ist.

Mit dem Siegeszug des Internationalen Stils in den fünfziger Jahren wurden auch die Grenzen dieser auf Technik und Rationalisierung sich berufenden Architektur sichtbar, und die Hoffnungen, die sich an sie geknüpft hatten, erwiesen sich immer deutlicher als Illusion. Wenn in dieser Situation einer der Begründer, ja in den Augen vieler sogar d e r Erfinder solcher Architektur deren Prinzipien abzuschwören schien, dann mußten die Reaktionen heftig sein. Vor allem in der Fachwelt haben nicht wenige Corbusier der Fahnenflucht verdächtigt und die Gefahren einer neuen, irrationalistischen Romantik beschworen.[247] Auf

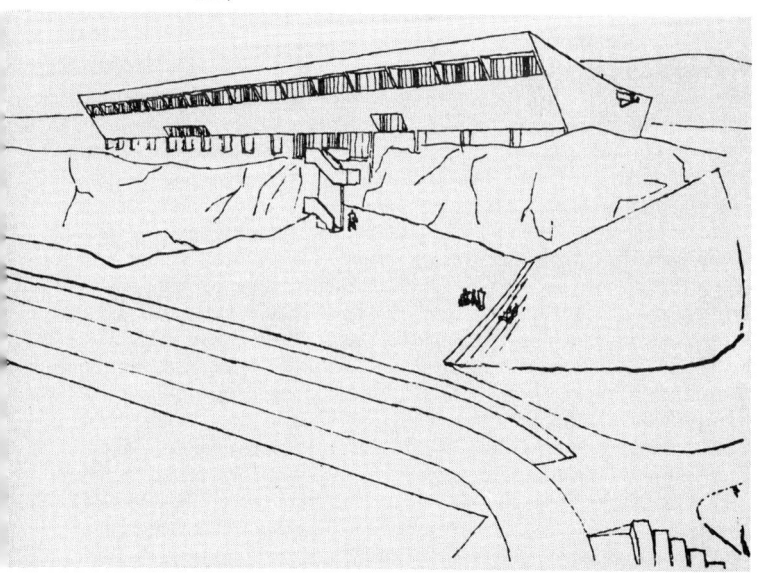

der anderen Seite scheint der Lobpreis von Ronchamp vielen das Alibi geliefert zu haben, alles andere Neue und Moderne nur um so gründlicher zu verdammen. Hinzu kam, daß der für seine technizistischen und «materialistischen» Thesen berühmte Corbusier in Ronchamp nicht nur ein höchst individuell geformtes architektonisches Kunstwerk geschaffen hatte, sondern auch einen Kirchenbau, der sich den verschiedensten theologischen Interpretationen anzubieten schien und wegen der Fensterbilder sogar ein persönliches Bekenntnis, wenn nicht gar eine Konversion vermuten ließ.

Verglichen mit vielen seiner Interpreten hat Le Corbusier selbst sich relativ nüchtern geäußert: *Die Kapelle erhebt sich auf dem letzten Ausläufer der Vogesen ... Früher standen an dieser Stelle heidnische Tempel, später christliche Wallfahrtskapellen.* Der Krieg hatte die letzte Kapelle zerstört, die zweimal im Jahr von etwa zwölftausend Pilgern besucht wurde, die sich auf dem flachen Gipfel versammelten. Le Corbusier kam der Auftrag gelegen, weil er ihm Gelegenheit gab, sich *einmal uneigennützig in ein Problem zu vertiefen. Die Entschädigung bestand in der Wirkung der architektonischen Formen und im Geiste der Architektur, die ein Gefäß persönlichster Konzentration und Meditation sein sollte.* Le Corbusiers gestalterische Untersuchungen hatten ihn zu der *Erkenntnis einer akustischen Komponente im Reiche der Formen geführt. Mathematik, unerbittliche Physik müssen die Formen beleben, die sich dem Auge darbieten. Ihre Konkordanz, ihre Wiederkehr, ihre wechselseitige Abhängigkeit und die Familienähnlichkeit, die sie verbindet, führen zum architektonischen Ausdruck – einem ebenso subtilen, ebenso exakten und ebenso unerbittlichen Phänomen wie die Akustik. Man begann also mit einer Landschaftsakustik, bei der man auf die vier Horizonte Bezug nahm. Es sind dies die Ebene von Sâone mit dem Berg Ballon d'Alsace gegenüber und an den Seiten Hügel und Täler. Man schuf Formen, die diesen Horizonten antworten und sie aufnehmen konnten. Im Innern entwarf man eine Symphonie aus Schatten, Licht und Helldunkel ... Die Notwendigkeiten des Gottesdienstes spielten nur an wenigen Stellen eine Rolle. Der Charakter der Formen war Antwort auf eine Psycho-Physiologie der Wahrnehmung und der Empfindung.*[248] Um die Kunst war es Corbusier also in erster Linie zu tun, nicht um Theologie, und das erklärt auch die doppeldeutigen Worte, mit denen er den Bau dem Bischof von Besançon übergab: *Indem ich diese Kapelle baute, wollte ich einen Ort der Stille, des Gebets, des Friedens, der inneren Freude bauen. Das Gefühl des Heiligen beseelte unser Bemühen. Manche Dinge sind heilig, andere sind es nicht – seien sie nun religiös oder nicht.*[249]

Über den Grundriß, und damit über die wichtigsten funktionalen Festlegungen, ist sich Corbusier nach Ausweis des bisher bekannten Planmaterials[250] schnell klargeworden, und auch die Motive des Dachs, der Türme und der Vorderwand waren offensichtlich bald gefunden. Um so schwieriger war es aber dann, diese Motive so auszuformen, daß deren in der Ausführung so fazinierendes Zusammentreten zu wechselnden Figurationen möglich wurde. Dieses aber war nötig bei einem Bau, der dem Pilger von ferne ein Ziel setzt, auf dem Hügel einen Versammlungsmittelpunkt schafft und im Innern die Umschließung eines Gebetsortes gewährt.

So einleuchtend, ja einfach die Kapelle von Ronchamp an Ort und Stelle wirkt, so unzureichend ist die Vorstellung, die Fotos, Pläne oder Beschreibungen geben. Wer sich der Kapelle nähert, sieht vor sich eine Mauer mit tief eingekerbten Fenstern, die ein höhlenartiges Inneres ankündigen. Über der weißen Mauer sieht er ein zuerst nach vorn, dann aber entschieden nach oben sich kurvendes Dach. Neben der Fensterwand, durch den Haupteingang gleichermaßen getrennt und verbunden, ragt turmartig ein völlig geschlossener Hohlkörper auf. Das Verhältnis dieser drei Hauptelemente ist weder durch Geometrie noch durch sonstige Regeln präjudiziert, sondern aus den besonderen Bedingungen dieses spezifischen Bauplatzes entwickelt. So nimmt die kurvig hochgezogene und dabei immer schmaler werdende Wand nicht allein auf den Umriß der Hügelkuppe Bezug, sondern auch auf das Dach, mit dessen äußerster Spitze sie rechts oben zusammentrifft. Derartige Formkonstellationen sind aber nicht willkürlich, sondern in der besonderen Aufgabe dieses Baus begründet, zu der ja auch eine möglichst enge Verschränkung von Innen und Außen, Kirche und Umgebung, gehört. Ungewöhnlich ist allerdings der Nachdruck, mit dem solche Besonderheiten hervorgehoben und gesteigert werden.

Wie kunstvoll und geradezu listenreich Le Corbusier ein und dieselbe Form für ganz verschiedene Zwecke und Zusammenhänge zu nutzen verstand, lernt man an der gekurvten Wand, die Dach, Turm und Vorplatz miteinander verknüpft. Ein gutes Beispiel ist aber auch die Ostseite der Kirche, die den Gottesdiensten im Freien dient. Dort befinden sich der Außenchor, in dessen rückwärtige Mauer das Marienbild aufgestellt ist, dem die Wallfahrten gelten, und das vom Innern der Kirche ebenso zu sehen ist wie von außen. Die Sänger auf der Tribüne können nur von innen an ihren Platz kommen, während die Kanzel direkt zugänglich ist. Sie ist an eine weiße Betonschale gelehnt, die sich ihrerseits um eine Stütze rundet, die das Dach trägt. Eine statische Funktion hat diese Schale nicht, und sie hört auch tief genug auf, um ihre nur hüllende, nicht aber tragende Funktion anschaulich zu machen. Dadurch aber wird sie Teil eines Formenensembles, das aus dem Altar, der Vorderwand und dem allgegenwärtigen Dach besteht, und in dem sie den Part übernimmt, den an der Vorderseite der Turm innehat.

Das Individualisieren der Bauteile, die dann zu wechselnden und oft überraschenden Verbindungen zusammentreten können, kann man auch im Grundriß erkennen. *Das Hauptschiff (13 m breit und 25 m tief) faßt 200 Personen ... auf der rechten Seite befinden sich einige Bankreihen. Drei kleine Kapellen, die vom Hauptschiff völlig abgesondert sind, ermöglichen das gleichzeitige Abhalten von Gottesdiensten* [251],

Die Nordseite

Ronchamp: Fassade und Chor, 1950–54

ohne daß die verschiedenen Gruppen sich gegenseitig stören. Diese drei
Kapellen haben eine eigenartige natürliche Beleuchtung; die drei Türme,
in denen sich die Kapellen befinden, münden in ihrem oberen Teil in
Halbkuppeln, die das aus drei Himmelsrichtungen empfangene Licht
nach unten auf die Altäre leiten. Der Hauptaltar befindet sich im Mittel-
schiff der Kapelle, dort, wo die Decke am höchsten ist (ca. 10 m). Der
tiefste Punkt der Decke beträgt nur ca. 4,78 m. Die Wand, die im
Westen sowohl das Hauptschiff wie die beiden Kapellen umgreift, ist
außen an zwei Stellen hochgezogen und zu Türmen ausgebildet. In ähnlicher Weise umfaßt die Wand im Osten und im Norden nicht allein die
dritte Kapelle, sondern auch eine Reihe von Nebenräumen und den Al-
tarraum.

Am wenigsten werden die Fotos der Wirkung des Daches gerecht, das
im Innern, wie ein geblähtes Segel, auf die Wölbung des Fußbodens Bezug nimmt, der seinerseits dem Umriß der Hügelkuppe folgt und zum
Altar hin abfällt. Zwischen Decke und Wand hat Le Corbusier einen
Spalt gelassen, der einerseits klein genug ist, den Zusammenhang zu
wahren, andererseits aber auch groß genug, um daran zu erinnern, daß
das Dach über den Innenraum hinausreicht. Vor allem aber wird auf
diese Weise das Draußen gegenwärtig, an das auch die Fenster erinnern,
bei denen das Glas entweder sehr weit außen oder aber sehr weit innen

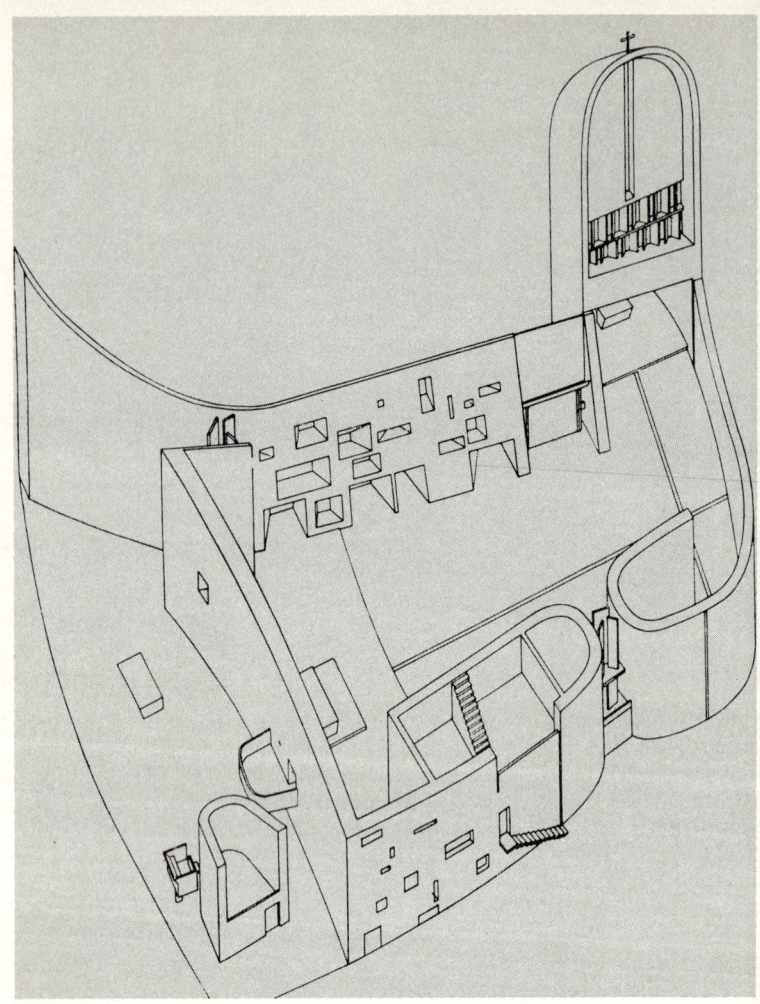

Ronchamp: perspektivische Darstellung, von Norden her gesehen

sitzt, so daß die wechselnde Stärke der Fensterlaibung nicht nur die
Dicke der Mauer hervorhebt, sondern auch das besondere Verhältnis
von Innen und Außen. *Das Tageslicht dringt durch die unregelmäßig
verteilten, mit farblosem oder farbigem Glas versehenen Öffnungen.
Es handelt sich dabei nicht um eigentliche Kirchenfenster, da Le Corbusier diese Beleuchtung für allzusehr mit der früheren Architektur, besonders mit der gotischen und romanischen, verknüpft hält, sondern*

um Verglasungen, durch welche man das Ziehen der Wolken, das Wogen der Blätter und sogar vorübergehende Passanten sehen kann.[252] Auf die Scheiben hat Corbusier in einer der Volkskunst angenäherten Manier Zeichen und Worte von teils christlicher, teils aber auch höchst allgemeiner Bedeutung gemalt: Man findet Fragmente des Ave Maria, Vögel, Blätter, den Mond und auch die Sterne. Der Formcharakter ist bewußt naiv, so als seien diese Worte und Bilder wie einst die der Katakomben Zeugnisse einer ursprünglichen, spontan und unreflektiert sich äußernden Frömmigkeit.

Der Charakter des Ursprünglichen, fast Naturhaften, bestimmt auch die Architektur, obwohl ein Bau wie Ronchamp schon wegen seiner Dachkonstruktion vor dem 20. Jahrhundert überhaupt nicht denkbar gewesen wäre. Verantwortlich für diese Wirkung ist zum einen die Abwesenheit aller eindeutig technischen oder sonst evident auf die Welt des 20. Jahrhunderts bezogenen Formen und zum anderen die Stilisie-

Das Innere der Kapelle von Ronchamp vom Altar aus

rung des Betons zu einem zeitlosen, gleichsam natürlichen Material. Le Corbusier verstand es, den Bau so aussehen zu lassen, als sei er – wie die «Architektur ohne Architekten» des Mittelmeerraums – auf einfachste, fast ungeschickte Weise errichtet worden. Die Fenster sind mit größtem Kunstverstand so geschnitten und so verteilt, als seien sie von Laien, nach und nach, den Notwendigkeiten des jeweiligen Augenblicks gehorchend, in die Wand gebrochen worden. Selbst Einzelheiten wie die Regenrinnen machen den Eindruck des allmählich Hinzugekommenen, und noch der maschinell aufgetragene Putz trägt mit seiner Unregelmäßigkeit und Grobkörnigkeit zu dieser Wirkung bei. Die Architektur evoziert eine eigentümlich ahistorische, zwar nicht archaische, aber doch unverwechselbar frühe Sphäre eines einfachen, der Geschichte entzogenen ursprünglichen Lebens.

Das Kloster: Auch das zweite Hauptwerk des späten Le Corbusier, das 1956 bis 1959 entstandene Kloster Notre-Dame-de-la-Tourette in Eveux bei Lyon, war ein Sakralbau. «Männern, die sich dem Gebet und Studien weihen, ein Haus der Stille und eine Kirche zu bauen», so lautete der Plan, den das Provinzialkapitel der Dominikaner von Lyon Le Corbusier im Jahre 1952 unterbreitete. Das Bauprogramm sah «eine Kirche, den Kreuzgang, den Kapitelsaal, Unterrichtsräume, eine Bibliothek, Refektorium, Küchen und rund hundert Zellen vor»[253].

Bei seiner Planung hat sich Corbusier nicht auf die heutige Situation des Ordens berufen, sondern auf dessen Grundregeln, die bereits Jahrhunderte früher fixiert worden waren. Maßgebend war ihm aber weniger das spezifisch Religiöse oder Dominikanische, sondern das, was ihm an dem einfachen Leben der Klosterbrüder für alle Menschen wesentlich schien. *Wie in Ronchamp handelt es sich um ein Programm für Herz und Körper nach menschlicher Rangordnung.*[254] Im einzelnen erklärte er: *Die traditionelle Klosterform beizubehalten war infolge der Abschüssigkeit des Grundstücks nicht möglich. Auf zwei Etagen krönen Loggien (eine für jede, wenigstens akustisch isolierte Zelle) das Gebäude. Im oberen Stockwerk befinden sich die Hörsäle, die Säle für Arbeit und Freizeit und die Bibliothek, darunter das Refektorium und der kreuzförmige Kreuzgang, der zur Kirche führt. Von dem nicht terrassierten, sondern in seiner natürlichen Abschüssigkeit belassenen Boden erheben sich die Pfeiler, die die vier Gebäudekörper des Klosters tragen.*[255] Das von oben nach unten entwickelte Gebäude beginnt also mit dem zweigeschossigen Zellentrakt, dem ein Zwischengeschoß folgt, das der wissenschaftlichen Arbeit dient und in einigen Teilen auch Besuchern zugänglich ist. Eine Etage tiefer liegen die für das geistliche Leben des Klosters benötigten Räume und ganz unten schließlich diejenigen, die zu seinem technischen Betrieb notwendig sind. Aus diesem Aufbau ergibt sich bereits eine klare Überordnung des Zellentraktes, der das Kloster an drei Teilen umzieht und zusammen mit der Kirche

La Tourette: der Kreuzgang. Links das Oratorium, rechts der Treppenturm

auch den ersten Eindruck bestimmt, den der ankommende Gast empfängt. Das Leben der Mönche wird schon in der Behandlung der Oberflächen als einfach und karg charakterisiert, wenn in den Beton der Zellenbalkons Kiesel und Natursteine außen eingelassen sind, während sich die Fensterstäbe der Gemeinschaftsräume zu höchst variablen, immer aber sorgfältig kalkulierten Lamellenmustern differenzieren. Analog kontrastieren im Innern die mit Rauhputz beworfenen Wände des Zellentraktes und dessen freigelegte Installationseinrichtungen in ihrer demonstrativen Anspruchslosigkeit mit der Großzügigkeit und Schönheit der Gemeinschaftsräume im Zwischengeschoß, deren Fenster bis zum Boden reichen, so daß Licht und Aussicht bis ins Innere hineinwirken können, wobei das Verhältnis von Innen und Außen als wechselnd und spannungsreich definiert ist: einmal, bei Kontraktion der schmalen Sonnenblenden, als Sich-Abschließen, dann wieder, beim Auseinanderrücken der Blenden, als Sich-Öffnen.

Von der differenzierten Gestalt des eigentlichen Klosters hebt sich der Kirchenbau ab, der dem Besucher als unzugänglicher Block entgegentritt, der allein durch den aufgesetzten Glockenstuhl auf seine Bestimmung aufmerksam macht. Einzig die vorgelagerten *Lichtkanonen,* mit denen die Nebenkapellen beleuchtet werden, mindern die Einförmigkeit. Im Innern dominieren gewaltige Betonwände, deren Mangel an Gestaltung Le Corbusier allerdings positiv gewertet wissen wollte: *Das Innere ist von totaler Einfachheit. Der Beton trägt noch die Spuren der groben Verschalung. Es gibt fast keine Lichtquellen ... in dieser Kirche, die von bewegender Einfachheit ist und ein Gefühl des Schweigens und der Sammlung erzeugt.*[256] Auf eine ausdrücklich kirchliche Interpretation, etwa im Sinne einer liturgischen Symbolik, hat Corbusier aber auch bei diesem Bau verzichtet. *Mein Beruf*, so schrieb er im Vorwort einer Broschüre über das Kloster, *ist es, Menschen zu behausen. Hier war die Aufgabe, Geistliche zu beherbergen und dabei zu versuchen, ihnen das zu schaffen, dessen die Menschen heute am meisten bedürfen: die Stille und den Frieden. Sie, die Geistlichen* (also nicht Corbusier), *siedeln in dieser Stille Gott an.*[257]

Sehr viel wichtiger als die Kirche waren für Le Corbusier die sozialen Aspekte des Klosterlebens, und diese hat er auch zum Thema seines Baus gemacht: *Ich habe versucht, den Predigermönchen einen Ort der Meditation, der Forschung und des Gebetes zu schaffen. Der Widerhall dieses Problems in den Menschen leitete meine Arbeit.* Er berichtet, er habe sich *die Formen, die Kontakte, die Wege und die Umgänge vor*

Kloster La Tourette, 1957–60

Augen geführt, die nötig wären, damit Gebet, Liturgie, Meditation und Studium sich in diesem Haus wohl fühlen würden [258]. Zu welchen Ergebnissen er dabei kam, zeigt vor allem der Kreuzgang. Kreuzgänge, herkömmlicherweise ein- oder zweigeschossig, haben, je nach Ordensregel, mehrere Aufgaben zu erfüllen: Sie verbinden die Zellen untereinander und mit der Kirche, können aber auch als Treffpunkt und Aufenthaltsort dienen. In den meisten Fällen sind sie rechteckig, an allen Seiten gleich gebildet und wie ein öffentlicher Platz von Arkaden umgeben, so daß die Aufgabe, Ort zu sein, anschaulich ungleich stärker betont ist als die des Verbindens. Anders in Eveux: Dort verbot schon die Hanglage, den Kreuzgang um einen zentralen Hof zu legen, und wahrscheinlich war sie es auch, die Corbusier auf den Gedanken brachte, verschiedene Wege in der Mitte des Areals kreuzförmig zusammenzuführen. Sie treffen sich bei einem eigens erfundenen Atrium, das nach außen durch ein schräges Dach hervorgehoben ist. Die Gänge sind jeweils an einer Seite bis unten verglast. Wer sie benutzt, wird durch den Ausblick immer wieder daran erinnert, daß er sich im Innern des Klosterkomplexes befindet. [259] Das Zusammenführen der Wege und damit auch der Mönche im Zentrum der Klosteranlage scheint für Le Corbusier das Entscheidende gewesen zu sein, während die gelegentlich vermutete Kreuzessymbolik schon deshalb ausscheidet, weil die Arme so gelegt sind, daß keine dem Christuskreuz vergleichbare Figur entstehen kann (Abb. S. 120).

Die schon in Ronchamp endgültig vollzogene Abkehr von der Vorstellung, daß ein Bau immer auch ein geschlossener Körper oder doch wenigstens ein nach außen sich abgrenzendes Gehäuse sein müsse, hat sich in Eveux nicht nur beim Kreuzgang ausgewirkt. Auch an anderen Stellen hat Corbusier nach Möglichkeiten gesucht, Funktionen zu trennen, einzelne besonders herauszuheben und diese dann entweder zu steigern oder aber auch demonstrativ herunterzuspielen. So hat er zum Beispiel die Verbindung zwischen den Klassenräumen und dem Refektorium einem frei in den Hof gestellten Treppenhaus übertragen, und für die Studentenkapelle hat er aus dem Osttrakt einen pyramidengekrönten Kubus herausgelöst. Die Sprechzellen und die Pförtnerloge neben dem Eingang sind zu Gebilden geworden, die an die Höhlenbauten amerikanischer Indianer erinnern, und an der Westseite schließlich hat Corbusier den Schornstein zuerst isoliert, um ihn dann mit Bedienungsbrücke und Kirchendach zu einem neuen Ensemble zu verknüpfen.

Die kompositorischen Freiheiten, die Le Corbusier während der zwanziger Jahre primär im Innern seiner Häuser verwirklicht hatte, kamen nun auch dem Außenbau zugute. Indem er auf geschlossene Gehäuse verzichtete, konnte er die Umgebung in einer bis dahin ungekannten Weise ins Innere hineinspielen lassen: Der grasbewachsene Hang, an dem das Kloster von Eveux steht, bleibt nicht nur faktisch erhalten, sondern ist auch sichtbar, und wer die Steigung nicht scheute, könnte unter den Stützen des Südtraktes zwischen Gras und Sträuchern spazierengehen, ohne das Kloster betreten zu müssen. Vom Eingang wie von den Umgängen aus blickt man immer wieder auf bewachsene Dächer, deren Flora zwar als Isolierungsmittel gerechtfertigt werden kann, aber wohl kaum nur der Isolation wegen eingeführt worden sein dürfte: *Die Dächer des Klosters und der Kirche werden, mit einer dünnen Erdschicht bedeckt, dem Wind, den Vögeln und den anderen Samenträgern überlassen, die für Isolation gegen Feuchtigkeit und Temperaturschwankungen sorgen.*[260] Mit einer generösen Geste hat der Architekt einen Teil des Bauwerkes wieder an die Natur zurückgegeben.

LETZTE PERSPEKTIVEN: Nach Chandigarh, Ronchamp und Notre-Dame-de-la-Tourette wirken die allerletzten Werke Corbusiers irritierend und in mancher Hinsicht vielleicht sogar enttäuschend. Offenkundig ist jedenfalls, daß er bei ihnen die Wege, die ihn zu so großen Erfolgen geführt hatten, verlassen und sich einmal mehr auf die Suche nach neuen Zielen gemacht hatte.

Besonders lehrreich ist in dieser Hinsicht das Carpenter Center of Visual Arts in Cambridge, Massachusetts, dessen Bau einem geradezu grenzenlosen Optimismus entsprang, die Menschen durch Kunst bereichern und beglücken zu können. Weder wollte man eine weitere Kunstschule noch eine andere der üblicherweise mit Kunst befaßten Institutionen. Vielmehr schwebte den Initiatoren ein Ort vor, an dem «gefühlsmäßige Sensibilität und künstlerisches Urteil» gebildet werden

Das Refektoriumsgeschoß: 2: Refektorium, 3: Kapitelsaal, 4: Atrium, 5: Kreuzgang, 9, 10: Hof, 12: Kirche

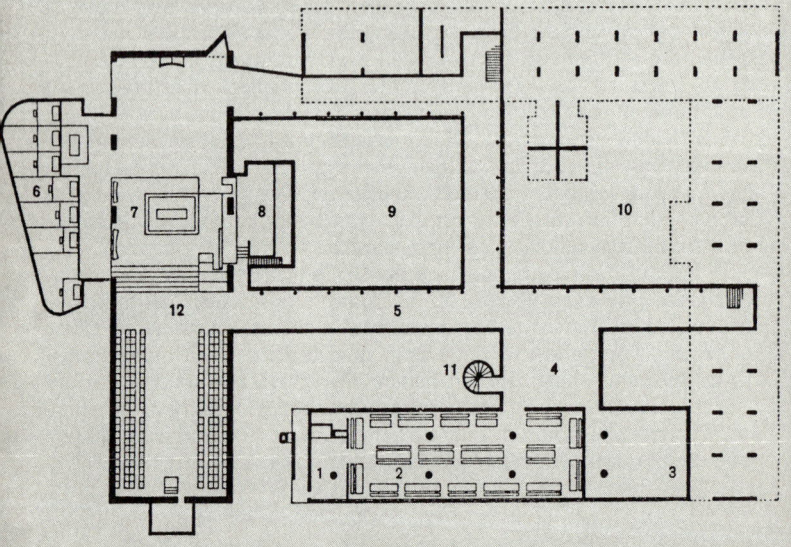

Le Corbusier

sollten. Unabhängig vom Studienfach wollte man den Studenten hier zu Beginn ihrer Studien die Augen öffnen und sie sehen lehren.[261] Das war kein sehr präzises Programm, und diese Unklarheiten sind dem Bau auch nicht günstig gewesen. Da bei den Bauherren zwar hochgespannte, aber im Grunde nur recht unklar definierte Erwartungen bestanden, hatte Corbusier weitgehend freie Hand, auch bei der Einzelbestimmung der Funktionen. Er legte sich die Aufgabe so zurecht, daß ein Zentrum zu schaffen sei, *in das die Studenten schon von der Straße aus Einblick haben ... wo sie sich einschreiben und mit zwei- und dreidimensionaler Kunst, Modellbau, Bildhauerei, Modellieren, Herstellung von Collagen usw. befassen können. Das Visual Arts Center steht jedem Studenten*

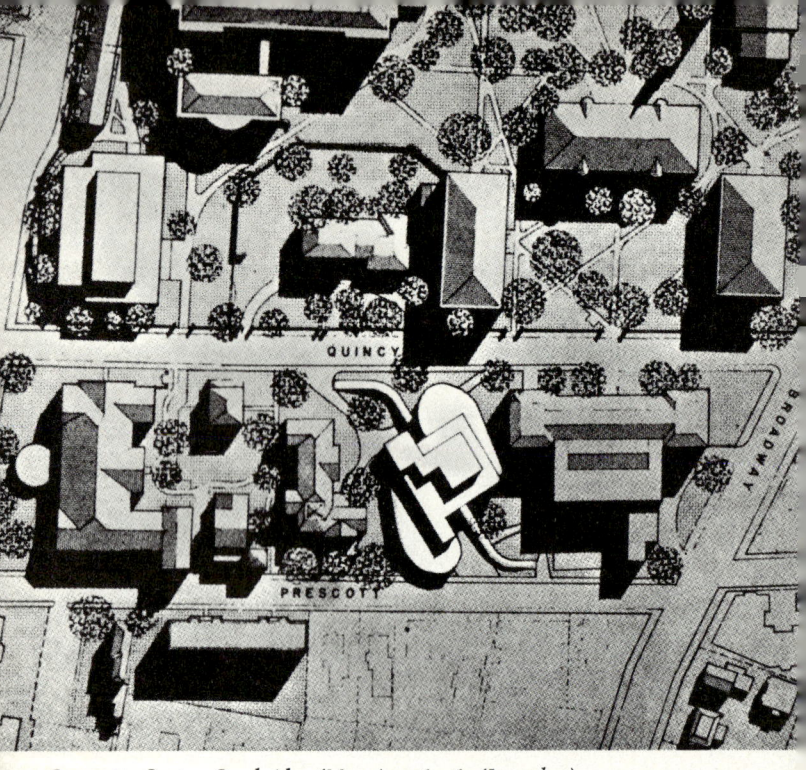

QUINCY

BROADWAY

PRESCOTT

Carpenter Center, Cambridge (Mass.), 1961–64 (Lageplan)

der Universität zur Verfügung ... Das einzige Ziel ist, der heutigen Generation das Bedürfnis und die Freude zu vermitteln, die Arbeit der Hand und die des Geistes zu verbinden, was das wichtigste soziale Anliegen Le Corbusiers ist. Es ging also darum, die Wege zu schaffen und die Orte der Arbeit, Beleuchtungsmöglichkeiten zu finden und ... sich in so engem Raume einzurichten ... Die Konstruktion aus Beton und Glas ist eine Demonstration von Corbusiers Theorien und weist zahlreiche der ihm eigenen Leitgedanken auf: die gegenseitige Durchdringung von Außen- und Innenraum, die Verwendung von rohem Beton, eine Rampe, die zwei Straßen über das dritte Stockwerk miteinander verbindet, tragende Stützen für jedes der fünf Stockwerke und Sonnenblenden.[262]

Bauten wie das Carpenter Center, bei denen die Kräfte und das Vorstellungsvermögen nicht extrem herausgefordert werden, gehören selten zu den besten Werken eines Architekten, wohl aber zu denen, an denen sich die ihm selbst bewußten Ziele am leichtesten ablesen lassen. Corbusier hat in einen – wegen des schmalen Grundstückes – schräg gestellten Kubus zwei wie Resonanzböden geformte Bauteile eingreifen und ihn auf der Höhe des 3. Geschosses von einer Rampe durchqueren lassen, der im Scheitelpunkt ein Hörsaal und ein Ausstellungsraum zugeordnet sind. In den Geschossen darunter und darüber sind die notwendigen Büros untergebracht, wobei es zu höchst unbefriedigenden Lösungen kam und zu beträchtlichen Widersprüchen zwischen faktischer und symbolisierter Funktion. So bleibt der größte Teil des vertikalen Verkehrs trotz der eindrucksvollen Rampe konventionellen Lifts, Treppenhäusern und einer Innenrampe überlassen. Die Außenrampe gehört, obwohl man von ihr aus auch einige der Räume erreichen kann, im Grunde mehr zur Straße als zum Haus. Sie entwirft architektonisch das Bild einer neuartigen Verbindung von Innen und Außen, Straße und Haus, von deren praktischer Realisierung auch Le Corbusier noch weit entfernt war.

In Cambridge jedenfalls bleibt der Zusammenhang formal, weil die Rampe faktisch kaum mehr ist als eine zwar aufwendige, aber trotzdem eigentlich überflüssige Fußgängerbrücke zwischen zwei Straßen, die schon ein einziges Haus weiter durch eine Querstraße verbunden sind. Zur Verteidigung kann man argumentieren, der Besucher gelange durch die Rampe direkt in den Ausstellungsbereich, aber dem stehen die eklatanten Schwierigkeiten entgegen, die die Außenrampe für das Innere mit sich brachte.

Zusammen mit den ausgegliederten Treppenhäusern und den Sonnenblenden gehören die Rampen zu den Leitmotiven von Le Corbusiers später Architektur. Eine Gemeinsamkeit könnte man darin erkennen, daß alle drei Motive das jeweilige Gebäude öffnen oder die Benutzungssphäre über die Grenzen der Außenmauern hinaus erweitern. Vor allem die Treppen und Rampen werden weit über den unmittelbaren Zweck

Carpenter Center: die Rampe zur Ostfassade

hinaus zu Orten eigenen Rechts, an denen der Benutzer nicht nur eine «promenade architecturale» erlebt, sondern auch die Begegnung mit anderen Menschen sowie die Verbindung von Gebäude und Umgebung. Derartigen Gedanken, die schon aus seinen Entwürfen für den Sowjet-palast und für Chandigarh vertraut sind, ist Corbusier in den letzten Jahren seines Lebens mit solcher Hartnäckigkeit nachgegangen [263], daß man vermuten muß, sich hier dem Kern seines Denkens zu nähern. Seine Texte verraten darüber nichts, aber angesichts der früheren Werke wäre vorstellbar, daß er auf eine Verwandlung des physischen Nebeneinander zu einem sozialen Miteinander hoffte, das nicht Zustand wäre, sondern Prozeß und dauernde Erneuerung.

Wie beim Carpenter Center würde sich dann aber auch bei anderen Werken der letzten Lebenszeit die Frage stellen, was der Grund und der Inhalt eines solchen Miteinander hätte sein können. Bei einem 1964/65 projektierten Kongreßzentrum für Straßburg [264] sollten die Besucher über eine breite Rampe direkt zum dritten Geschoß aufsteigen, wo sie ein Umgang aufgenommen hätte, dessen einer Arm zum großen Sitzungssaal führen sollte, während sich der andere schon nach kurzer Zeit oben geöffnet und die Besucher schließlich auf die Dachterrasse entlassen hätte. Das eigentliche Kongreßgebäude wäre fast als Durch-

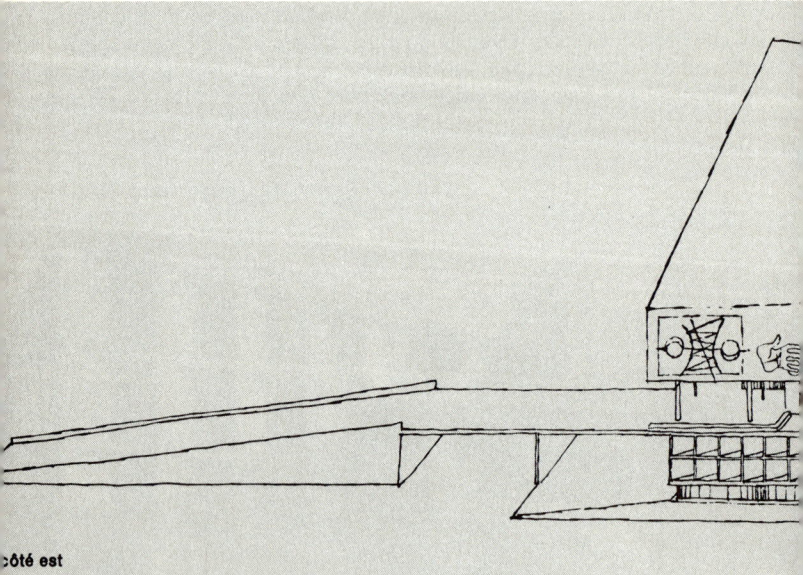

côté est

gangsstation erschienen für Bewegungen, die in der Stadt begonnen und auf dem Dach ihr Ziel gehabt hätten. Es liegt auf der Hand, daß sich eine solche Disposition nicht aus der Praxis des heutigen Kongreßbetriebes ergeben haben kann. Ihre Wurzeln müssen in der Vorstellungswelt des Architekten liegen. Das Ohnmächtige solcher Versuche bezeugt sich allerdings bei dem Straßburger Projekt schon darin, daß die formal so faszinierende Rampe weder eine essentielle Aufgabe gehabt hätte noch auch ein solchen Aufwand rechtfertigendes Ziel, denn mehr als ein gelegentlicher sommerlicher Empfang hätte auf dem Dach des Kongreßzentrums vermutlich nie stattgefunden.

Neben den neuen Zielen ist in den Arbeiten der letzten Jahre aber auch eine Veränderung der Formen und des Charakters der Gebäude zu beobachten. Vor allem die in den späten vierziger und in den fünfziger Jahren Corbusiers ganzes Bauen bestimmende Plastizität ist preisgegeben. Es werden nicht mehr skulptural ausgeformte Pfeiler verwendet, sondern wieder dünne Stützen, und statt dickwandiger Hohlkörper sieht man wieder leichte Gehäuse. Selbst der Beton veränderte sein Aussehen, denn statt seiner Massivität und seiner Formbarkeit wurde nun sein Schalencharakter betont. Auch die Wirkung des Ursprünglichen, Elementaren ist dank einer höchst sorgfältigen Oberflächenbehandlung ge-

Kongreßzentrum Straßburg (Ostseite) 1964

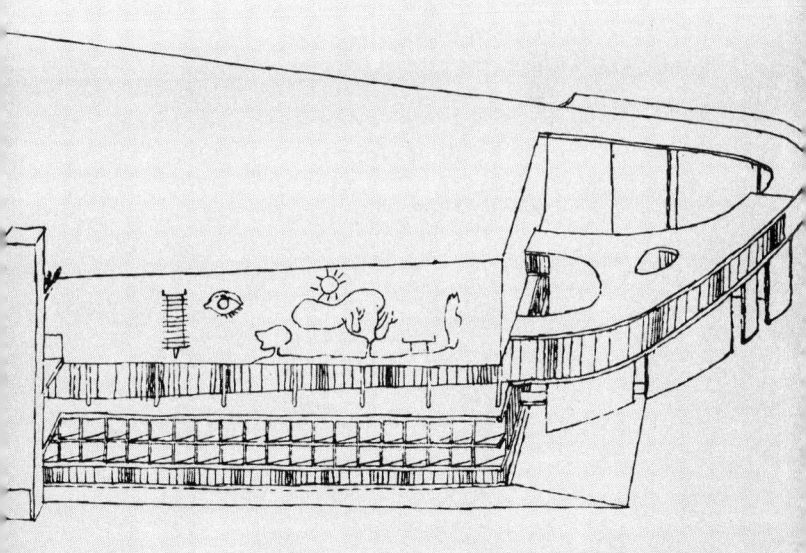

schwunden. Die Bauten wirken nicht als von einfachen Handwerkern hergestellt, sondern als Ergebnisse einer hochentwickelten Bautechnik. Selbst die Geometrie kam wieder zu Ehren, denn den Rundungen ist sofort anzusehen, daß sie nicht frei modelliert, sondern am Konstruktionstisch errechnet wurden.[265] Im Unterschied zu den zwanziger Jahren hat Le Corbusier sich aber nicht mehr der elementaren geometrischen Formen bedient, sondern höchst komplizierter, oft aus Fragmenten sphärischer Gebilde gewonnener Motive.

In seinem letzten Bau, der heute dem Andenken und dem Studium seines Lebenswerkes gewidmet ist, konnte Corbusier Ideen verwirklichen, die ihn schon länger beschäftigt hatten: *Es handelt sich um ein ... im Zürichhorn zu erstellendes Haus, das sowohl als Museum wie als Ausstellungspavillon für Malereien, Skulpturen, Publikationen und graphische Kunst ... Corbusiers dienen soll.* Es wird dem Besucher einer Architektur gezeigt, die aus zwei voneinander unabhängigen Konstruktionen, der Dachkonstruktion und dem eigentlichen Gebäudekörper, besteht. Das ganze Gebäude ist eine Stahlkonstruktion, die farbig behandelt wird. *Das Haus ist auf Grund früherer Studien insbesondere auf dem Prinzip des Modulors von 226 × 226 × 226 cm entworfen, das eine große Vielheit von Anordnungen ermöglicht. Die Fassade besteht aus wider-*

standsfähigen Materialien wie Aluminium – und farbigen Emailplatten.
Das Innere zeigt die konstruktiven und plastischen Möglichkeiten einer
vorfabrizierten Trockenbauweise.[266] Die erste, 1961 für Schweden aus-
gearbeitete Version, die ihrerseits auf Studien der dreißiger Jahre zu-
rückging [267], hatte für den eigentlichen Pavillon noch Glas vorgesehen
und nur für das Dach Stahl. Erst in der letzten Fassung wurde ein reiner
Stahlbau entwickelt, der aus vorfabrizierten Elementen besteht. *Nur die*
vom übrigen Gebäude gelöste Rampe ist aus Eisenbeton. Der Pavillon
ist unterkellert, die Kellerräume aus Eisenbeton, die größtenteils eben-
falls Ausstellungen dienen, liegen ungefähr zur Hälfte unterhalb des
Seespiegels.[268] Wie groß bei diesem *Demonstrationsbau* [269] die Faszi-
nation durch das Konstruktive geworden war, lehrt das Dach. In sich
versteift, wirkt es von unten als rätselhafter prismatischer Körper, der
sich aus der Aufgabe des Abdeckens nicht mehr erklären läßt, zumal
seine Zweiteilung durch das Treppenhaus noch zusätzlich dramatisiert
wird. Auch bei diesem letzten Werk Corbusiers ist Konstruktion als Ergebnis der definierenden und verfügenden Tätigkeit des Architekten
verstanden, dessen Kunst im Innern des Pavillons ein Faszinosum aus
Konstruktionselementen und Raumfragmenten entstehen ließ, in dem
für den Gebrauch nur Zwischenräume bleiben, deren Benützung aber
eher stört als füllt, weil sich die architektonische Imagination gegenüber dem Zweck des Gebäudes verselbständigt hat.

Die Motive und die Ziele, die Corbusier zu dieser letzten und vermutlich bei seinem Tode noch keineswegs voll entwickelten oder gar abgeschlossenen Phase seines Œuvres geführt haben, liegen noch im dun-
keln. Schon in den vierziger Jahren aber hatte bei ihm aller Wahr-
scheinlichkeit nach der Drang eine Rolle gespielt, von der zur Konven-
tion erstarrenden Bauweise des Internationalen Stils Distanz zu gewinnen; und bei dem großen Wert, den Le Corbusier seiner künstlerischen
Originalität beimaß, könnte das gleiche Motiv auch um 1960 den Ausschlag gegeben haben. Bereits nach kürzester Zeit waren ja die Erfin-
dungen von Bauten wie Ronchamp oder Eveux zum Spielmaterial einer

Der Pavillon
in Zürich,
1964/65

neuen, der «brutalistischen», Architekturmode geworden. Zwar hebt sich Corbusier auch heute noch weit über das Heer seiner Mitläufer hinaus, aber von den unzähligen Wasserspeiern, «Lichtkanonen», gekurvten Mauern und geblähten Dächern, die in seinem Gefolge entstanden, sind auch die Bauten von Ronchamp und Eveux nicht gänzlich unberührt geblieben. Was nur der Neuheit wegen bemerkenswert war, ist auch bei Le Corbusier in kürzester Zeit veraltet. Nur diejenigen Elemente seiner Architektur, bei denen das Neue auch in die Struktur eingegangen war, haben – bisher – die Nachahmer überlebt, und nur sie haben ihren Doppelcharakter als Darstellung und Verwirklichung vorher unbekannter Möglichkeiten bewahren können.

ANMERKUNGEN

Die Anmerkungen wurden auf Nachweise der zitierten Textstellen beschränkt. Es versteht sich jedoch von selbst, daß ich in sehr vielen Punkten der bisherigen Corbusier-Literatur verpflichtet bin.

Da sich der vorliegende Versuch auf die Architektur und den Städtebau konzentriert, sei mit Nachdruck auf die gründliche Dokumentation der anderen Schaffensgebiete Le Corbusiers (Malerei, Skulptur, Graphik, Möbel, Teppiche usw.) verwiesen, die Jean Petit in: «Le Corbusier lui-même» (Genf 1970) erarbeitet hat.

Die Bände des *Œuvre complète* werden nach den in der Bibliographie angegebenen Ausgaben zitiert.

1 Die Angaben dieses Kapitels folgen Jean Petit: «Le Corbusier lui-même». Genf 1970. S. 22 f

2 Die ausführlichsten Angaben bei Petit (a. a. O.) sowie Stanislaus von Moos: «Le Corbusier». Frauenfeld–Stuttgart 1968

3 Siegfried Giedion: «Le Corbusier und die architektonischen Ausdrucksmittel ihrer Zeit» in: Katalog der Ausstellung «Le Corbusier. Architektur, Malerei, Plastik, Wandteppiche». Frankfurt a. M. 1958. S. 5

4 *Mein Werk*. Stuttgart 1960. S. 18

5 Petit, a. a. O., S. 24

6 Ebd.

7 Abgebildet in: *Mein Werk*, a. a. O., S. 23

8 *L'Art décoratif d'aujourdhui*. Paris 1925. S. 198

9 Ebd.

10 Ebd., S. 198 f

11 Ebd., S. 198

12 *Œuvre complète 1910–1929*. Zürich 1967. S. 10. – Zu den Frühwerken vgl. auch Étienne Chavanne und Michel Laville: «Les Premières Constructions de Le Corbusier» in: «Werk» 50 (1963), S. 483 f und Charles Jencks: «Le Corbusier and the Tragic View of Architecture». London 1973. S. 20 f

13 Zit. nach Petit, a. a. O., S. 28

14 Ebd., S. 38

15 *Œuvre complète 1910–1929*, a. a. O., S. 9

16 Petit, a. a. O., S. 29 f

17 Ebd., S. 31 f (dort alle im folgenden zitierten Stellen)

18 Ebd., S. 38

19 *L'Art décoratif d'aujourdhui*, a. a. O., S. 209

20 Ebd.

21 Ebd., a. a. O., S. 201

22 Ebd., S. 212 f

23 Ebd., S. 214

24 Petit, a. a. O., S. 45

25 Vgl. ebd., S. 47

26 Ebd., S. 48

27 Siehe ebd., S. 49 sowie *L'Art décoratif d'aujourdhui*, a. a. O., S. 217

28 *Œuvre complète 1910–1929*, a. a. O., S. 7

29 Zur Übersetzung vgl. Anm. 28

30 *Œuvre complète 1910–1929*, a. a. O.

31 Ebd., S. 8

32 Ebd.

33 Dies die Titel der deutschen Übersetzungen von 1926 und 1963

34 *Ausblick auf eine Architektur*. Berlin–Frankfurt a. M.–Wien 1963. S. 159

35 Ebd., S. 103

36 Ebd., S. 40

37 Ebd., S. 21

38 Ebd.

39 Ebd.

40 Ebd., S. 151

41 Ebd.

42 Ebd., S. 153

43 Ebd., S. 63

44 Ebd., S. 64

45 Wolfgang Herrmann: «Laugier and Eighteenth Century French Theory». London 1962. S. 46 f, 215 f

46 *Ausblick auf eine Architektur*, a. a. O., S. 66

47 Ebd., S. 25

48 Ebd., S. 203

49 Ebd.

50 Ebd., S. 204

51 Ebd., S. 106

52 Ebd., S. 215

53 Ebd., S. 207

54 Ebd.

55 Ebd., S. 77

56 Ebd., S. 34

57 Vgl. *Œuvre complète 1910–1929*, a. a. O., S. 30, 42, 47, 89, 90, 183, 199 sowie *Ausblick auf eine Architektur*, a. a. O., S. 178, 185, 188

58 *Ausblick auf eine Architektur*, a. a. O., S. 40

59 Ebd., S. 38

60 Ebd.

61 Vgl. *Œuvre complète 1910–1929*, a. a. O., S. 140, bes. S. 143, 145 (unten links)

62 *Ausblick auf eine Architektur*, a. a. O., S. 61 f

63 *Œuvre complète 1910–1929*, a. a. O., S. 144

64 *Ausblick auf eine Architektur*, a. a. O., S. 67

65 Ebd.

66 Ebd., S. 76

67 *Œuvre complète 1910–1929*, a. a. O., S. 28

68 *Ausblick auf eine Architektur*, a. a. O., S. 83

69 Ebd., S. 86

70 Ebd.

71 Ebd., S. 112

72 Ebd.

73 Ebd., S. 80

74 Ebd., S. 38 f

75 Ebd., S. 118

76 Ebd., S. 120
77 Ebd., S. 123
78 Ebd., S. 125
79 Ebd., S. 150
80 Ebd., S. 160
81 Ebd., S. 154
82 Ebd., S. 37
83 Ebd., S. 166
84 Ebd.
85 Ebd.
86 Ebd., S. 167
87 Ebd.
88 Ebd., S. 172
89 Ebd., S. 182
90 *Œuvre complète 1910–1929*, a. a. O., S. 23
91 Ebd.
92 Jürgen Joedicke und Christian Plath: «Die Weißenhofsiedlung». Stuttgart 1968. S. 26
93 *Œuvre complète 1910–1929*, a. a. O., S. 28
94 Ebd., S. 31
95 Ebd., S. 45 f
96 Ebd., S. 46
97 Ebd.
98 Ebd., S. 59
99 Ebd., S. 150
100 Ebd.
101 Ebd.
102 Rudolf Pfister: «Stuttgarter Werkbundausstellung ‹Die Wohnung›. Ein kritischer Rückblick». München 1928. S. 19
103 Joedicke und Plath, a. a. O., S. 51
104 Edgar Wedepohl: «Die Weißenhofsiedlung der Werkbundausstellung ‹Die Wohnung› in Stuttgart 1927». In: «Wasmuths Monatshefte für Baukunst» XI (1927), S. 396 f
105 *Œuvre complète 1929–1934*. Zürich 1967. S. 24 und *Œuvre complète 1910–1929*, a. a. O., S. 186
106 *Œuvre complète 1929–1934*, a. a. O., S. 25
107 Ebd., S. 24
108 Das Modell befindet sich heute im Museum of Modern Art, New York
109 Dies sind die Kapitelüberschriften des Abschnitts «Im Innern des Hauses» bei Dolf Sternberger: «Panorama oder Ansichten vom 19. Jahrhundert». Düsseldorf–Hamburg 1938
110 Zit. n. Christa Baumgarth: «Geschichte des Futurismus». Reinbek 1966 (= rowohlts deutsche enzyklopädie. 248/249). S. 155
111 Siegfried Giedion: «Befreites Wohnen». Stuttgart 1929. S. 7
112 *Œuvre complète 1910–1929*, a. a. O., S. 78 f
113 Ebd., S. 85
114 Philippe Boudon: «Die Siedlung Pessac. 40 Jahre Wohnen à Le Corbusier. Sozio-architektonische Studie». Gütersloh 1971
115 Boudon, a. a. O., S. 153 – vgl. aber André Corboz: «Encore Pessac». In:

«Archithese» I (1972), S. 27 f

116 Boudon, a. a. O., S. 155 f

117 *Œuvre complète 1910–1929*, a. a. O., S. 160

118 Ebd., S. 162

119 *Feststellungen zu Architektur und Städtebau.* Berlin–Frankfurt a. M.–Wien 1964. S. 152

120 *Œuvre complète 1929–1934*, a. a. O., S. 123 f

121 Vgl. René Fülöp-Miller: «Geist und Gesicht des Bolschewismus». Zürich–Leipzig–Wien 1926

122 *Œuvre complète 1929–1934*, a. a. O., S. 129

123 Ebd., S. 130

124 Ebd., S. 124

125 Ebd., S. 131

126 Ebd., S. 127

127 Ebd., S. 135

128 Ebd., S. 124

129 Ebd., S. 128, 129, 135

130 Zit. a. W. Boesiger und H. Girsberger: «Le Corbusier 1910–1965». Zürich 1967. S. 104

131 *Œuvre complète 1929–1934*, a. a. O., S. 13

132 Bruno Tauts Broschüre erschien im Folkwang-Verlag Hagen 1920 und war Le Corbusier vermutlich bekannt.

133 *Urbanisme.* Paris 1925. S. V

134 Ebd., S. 5

135 Ebd., S. 6 f

136 Ebd., S. 8

137 Ebd., S. 11

138 Ebd., S. 19

139 Ebd., S. 21

140 Ebd., S. 34

141 Ebd., S. 53 f

142 Ebd., S. 54

143 Ebd.

144 Ebd., S. 60

145 Ebd., S. 65 (Laugier wird hier allerdings nicht ganz im richtigen Zusammenhang zitiert, denn er war einer der ersten, die den Städtebau Ludwigs XIV. kritisierten – vgl. Herrmann, a. a. O., S. 131 f)

146 *Urbanisme*, a. a. O., S. 92

147 Ebd., S. 148, 149

148 Ebd., S. 155

149 Ebd., S. 78

150 Ebd., S. 182

151 *Œuvre complète 1910–1929*, a. a. O., S. 38

152 *Urbanisme*, a. a. O., S. 196 f, bes. S. 205

153 *Œuvre complète 1910–1929*, a. a. O., S. 37

154 *Urbanisme*, a. a. O., S. 273

155 Ebd., S. 268

156 Ebd., S. 266

157 Ebd., S. 267

158 *Feststellungen zu Architektur und Städtebau*, a. a. O., S. 164
159 Ebd.
160 *Urbanisme*, a. a. O., S. 272
161 Ebd.
162 Ebd., S. 267
163 *Feststellungen zu Architektur und Städtebau*, a. a. O., S. 183
164 Ebd., S. 184
165 Z. B. *Urbanisme*, a. a. O., S. 266
166 *Œuvre complète 1910–1929*, a. a. O., S. 111
167 *Die «Charte d'Athènes»*. Reinbek 1962 (= rowohlts deutsche enzyklopädie. 141). S. 77
168 Ebd., S. 116
169 Ebd., S. 128
170 Ebd., S. 115
171 Ebd., S. 117
172 Ebd., S. 127
173 Ebd., S. 127 f
174 *La Ville radieuse*, a. a. O., S. 170
175 *Feststellungen zu Architektur und Städtebau*, a. a. O., S. 148
176 Ebd., S. 216 f
177 Ebd., S. 215
178 Ebd., S. 217
179 Ebd., S. 224
180 Ebd.
181 Ebd., S. 223
182 Ebd.
183 *La Ville radieuse*, a. a. O., S. 225
184 *Feststellungen zu Architektur und Städtebau*, a. a. O., S. 224
185 Vergleichbare Abbildungen gibt es bereits in *L'Art décoratif d'aujourdhui*, aber 1925 waren es nicht so viele, und vor allem bezogen sie sich auf Texte, die ganz dem Lob von Technik und Mechanik sowie dem einer noch ganz mechanistisch verstandenen Natur galten.
186 *La Ville radieuse*, a. a. O., S. 6, 7
187 Ebd., S. 6
188 Ebd., S. 7 f
189 Ebd., S. 52
190 *Vom Sinn und Unsinn der Städte. Gedanken zur Städteplanung*. Zürich–Köln 1974. S. 50
191 Ebd.
192 *La Ville radieuse*, a. a. O., S. 70
193 Ebd., S. 83
194 Vgl. z. B. den Pavillon de l'Esprit Nouveau von 1925 (in: *Œuvre complète 1910–1929*, a. a. O., S. 99)
195 *Œuvre complète 1929–1934*, a. a. O., S. 83
196 Vgl. ebd., S. 149
197 Vgl. ebd., S. 48
198 Ebd.
199 Ebd., S. 59
200 Vgl. *Œuvre complète 1934–1938*. Zürich 1967. S. 105 f

201 Ebd., S. 125

202 Vgl. *Œuvre complète 1938–1946*. Zürich 1971. S. 103 f

203 Ebd.

204 Vgl. besonders die Entwürfe für die Hochhäuser von Algier (z. B. in: *Œuvre complète 1938–1946*, a. a. O., S. 63)

205 Vgl. *Modulor 1* (Stuttgart 1953) und *Modulor 2* (Stuttgart 1958) sowie *Œuvre complète 1946–1952*. Zürich 1955. S. 182 f – Kritisch dazu der Aufsatz von Rudolf Wittkower in: «Four Great Makers of Modern Architecture». New York 1970. S. 196 f

206 *Œuvre complète 1946–1952*, a. a. O., S. 25

207 *Œuvre complète 1910–1929*, a. a. O., S. 40 f

208 Ebd., S. 41

209 Vgl. ebd., S. 40: *Auf der einen Seite der Mensch im Kollektiv der 3 Millionen, auf der anderen Seite der Mensch, der ganz allein in seine Zelle zurückkehrt.*

210 *Feststellungen zu Architektur und Städtebau*, a. a. O., S. 89 f

211 Ebd., S. 91

212 Vgl. G. A. Gradov: «Stadt und Lebensweise». Berlin 1971 sowie Kyrill N. Afanasjew: «Ideen – Projekte – Bauten. Sowjetische Architektur 1917–1932». Dresden 1973. S. 126 f

213 Für das erhoffte Wechselspiel von Individualität und Kollektivität hat sich Le Corbusier auch im Zusammenhang mit der Wohneinheit Marseille auf die Kartause von Florenz berufen – vgl. «The Marseilles Block». London 1953. S. 45

214 *Œuvre complète 1929–1934*, a. a. O., S. 75 f

215 *Vom Sinn und Unsinn der Städte*, a. a. O., S. 66

216 *Œuvre complète 1938–1946*, a. a. O., S. 178 f

217 *Œuvre complète 1946–1952*, a. a. O., S. 198

218 Ebd., S. 209

219 Vgl. *Œuvre complète 1952–1957*. Zürich 1970. S. 184 f, 196 f

220 S. Giedion: «Architektur und Gemeinschaft. Tagebuch einer Entwicklung». Hamburg 1956 (= rowohlts deutsche enzyklopädie. 18). S. 100 f

221 *Kinder der Strahlenden Stadt*. Stuttgart 1968

222 *Œuvre complète 1946–1952*, a. a. O., S. 194

223 Ebd., S. 197

224 Ebd.

225 Ebd.

226 Vgl. *Œuvre complète 1934–1938*, a. a. O., S. 103 f und *Œuvre complète 1938–1946*, a. a. O., S. 44 f

227 *Œuvre complète 1938–1946*, a. a. O., S. 132

228 Für die gesamte Geschichte der Bauten von Chandigarh beziehe ich mich auf Norma Evenson: «Chandigarh». Berkeley 1966

229 Ebd., S. 6

230 *Œuvre complète 1946–1952*, a. a. O., S. 117

231 Ebd.

232 Dieses Vordach ist zu erkennen in: *Œuvre complète 1957–1965*, a. a. O., S. 74 f

233 Zit. n. Evenson, a. a. O., S. 78

234 Moos, a. a. O., S. 316

235 Evenson, a. a. O., S. 84

236 *Œuvre complète 1946–1952*, a. a. O., S. 146 f

237 *Ausblick auf eine Architektur*, a. a. O., S. 63 f

238 *Les dernières Œuvres*. Zürich 1970. S. 102

239 *Modulor 2*, a. a. O., S. 266

240 Ebd., S. 226 f

241 *Œuvre complète 1946–1952*, a. a. O., S. 146

242 Ebd., S. 157

243 Ebd., S. 159

244 Moos, a. a. O., S. 359

245 *Œuvre complète 1957–1965*. Zürich 1966. S. 136 f

246 Ebd., S. 130

247 Vgl. z. B. James Stirling: «Ronchamp. Le Corbusier's Chapel and the Crisis of Rationalism». In: «The Architectural Review» 119 (1956), S. 155 f

248 *Œuvre complète 1946–1952*, a. a. O., S. 76

249 *Le Livre de Ronchamp*. Paris 1961. S. 21

250 *Œuvre complète 1946–1952*, a. a. O., S. 77 f

251 *Œuvre complète 1952–1957*, a. a. O., S. 21

252 Ebd., S. 20

253 *Œuvre complète 1957–1965*, a. a. O., S. 32

254 Zit. n. der Broschüre «Le Couvent Sainte Marie de la Tourette à Eveux». Lyon 1971. S. 3

255 *Œuvre complète 1952–1957*, a. a. O., S. 42

256 *Œuvre complète 1957–1965*, a. a. O., S. 49

257 In: «Le Couvent Sainte Marie de la Tourette à Eveux», a. a. O.

258 Ebd.

259 Das wird sehr gut klar an den Fotos von Moosbrugger bei Anton Henze: «La Tourette. Le Corbusiers erster Klosterbau». Starnberg 1963

260 *Œuvre complète 1952–1957*, a. a. O., S. 42

261 Siegfried Giedion: «Raum, Zeit, Architektur. Die Entstehung einer neuen Tradition». Ravensburg 1965. S. 348 f

262 *Œuvre complète 1957–1965*, a. a. O., S. 54

263 Vgl. z. B. das Haus der Spinnereibesitzer in Ahmedabad (in: *Œuvre complète 1952–1957*, a. a. O., S. 145)

264 *Œuvre complète 1957–1965*, a. a. O., S. 152 f

265 Vgl. den Entwurf für die französische Botschaft in Brasilia (in: *Œuvre complète 1957–1965*, a. a. O., S. 12 f)

266 *Œuvre complète 1957–1965*, a. a. O., S. 22

267 Ebd., S. 178 f und *Œuvre complète 1934–1938*, a. a. O., S. 172

268 Zit. n. Boesiger und Girsberger, a. a. O., S. 286

269 *Œuvre complète 1957–1965*, a. a. O., S. 22

1887   6. Oktober: Geburt von Charles Édouard Jeanneret, der sich später Le Corbusier nannte (Vater: Édouard Jeanneret-Perret; Mutter: Marie Charlotte Amélie Jeanneret-Perret) in La Chaux-de-Fonds

1891   Eintritt in die Grundschule

1900   Eintritt in die École d'Art von La Chaux-de-Fonds

1902   Ehrendiplom der Internationalen Kunstgewerbeausstellung Turin

1905   *Villa Fallet* in La Chaux-de-Fonds

1907   Reise nach Italien, Ungarn und Wien – *Villa Stotzer* und *Villa Jaquemet* in La Chaux-de-Fonds (Pläne in Wien erarbeitet)

1908   Begegnung mit Josef Hoffmann; von Wien aus Reise über Straßburg und Nancy nach Paris, Eintritt in das Atelier von Auguste Perret

1909   Rückkehr nach La Chaux-de-Fonds

1910   Deutschland-Reise, Begegnungen mit Theodor Fischer, Heinrich Tessenow und anderen, Eintritt in das Atelier von Peter Behrens

1911   Reise nach Südosteuropa und Konstantinopel, Beginn der Lehrtätigkeit an der Kunstschule von La Chaux

1912   *Villa Favre-Jacot* und *Villa Jeanneret*

1913   Besuch der Bauausstellung Dresden

1914   Besuch der Werkbundausstellung Köln; erste Entwürfe für Domino-Häuser

1916   *Villa Schwob* und Kino *La Scala* in La Chaux, Entwurf *Villa am Meer*

1917   Übersiedlung nach Paris, Gründung der Société des Entreprises Industrielles, Beteiligung an einer Ziegelei

1918   Bekanntschaft mit Amédé Ozenfant, erste Bilder

1919   Gründung der Zeitschrift «L'Esprit Nouveau» (mit Ozenfant), Pläne für Häuser aus Gußbeton in Troyes

1920   Begegnung mit Fernand Léger; verwendet erstmals das Pseudonym «Le Corbusier»; Entwurf *Haus Citrohan*; «L'Esprit Nouveau» erscheint

1921   Ausstellung von Bildern, Beratung des Sammlers La Roche beim Kauf kubistischer Bilder

1922   Anfang der Kooperation mit dem Vetter Pierre Jeanneret; Ausstellung des Dioramas *La Ville contemporaine* im Herbstsalon; *Haus Ozenfant*, Wohnhaus in Vaucresson

1923   Annahme des Künstlernamens «Le Corbusier», letzte Ausstellung von Bildern bis 1938 (die Wirkung der Architektur soll nicht durch Streit um die Malerei belastet werden) trotz intensiver malerischer Tätigkeit; Kontakt mit Walter Gropius; Doppelhaus *La Roche-Jeanneret*

1924   Gemeinsam mit dem Vetter Pierre Jeanneret Eröffnung des Ateliers in der Rue de Sèvres, Reisen nach Prag und Genf, Doppelhaus *Lipchitz-Miestschaninoff* in Boulogne-sur-Seine

1925   «L'Esprit Nouveau» stellt das Erscheinen ein, Bruch mit Ozenfant; Vorträge in Prag, Brünn, Basel, Zürich, Bern; *Pavillon de l'Esprit Nouveau* auf der Internationalen Kunstgewerbeausstellung in Paris (der Widerstand von Auguste Perret verhindert, daß Le Corbusier den ersten Preis bekommt); Haus der Eltern in Vevey; Baubeginn der Siedlung in Pessac, Entwürfe für *Villa Meyer* in Paris, eine Studentenstadt, Stadtplanung für Audincourt und *Plan Voisin* für Paris (benannt nach dem Industriellen, der die Arbeit finanzierte)

1926 Tod des Vaters; *Haus Guiette* in Antwerpen, *Haus Cook* in Boulogne-sur-Seine, *Haus Ternisien* und Wohnheim der Heilsarmee in Paris, Entwurf von Häusern für das Existenzminimum

1927 Reisen nach Madrid, Barcelona, Frankfurt a. M., Stuttgart, Brüssel; Ende der «puristischen» Periode in der Malerei; *Villa Stein* in Garches, Doppelwohnung und *Citrohan-Haus* für die Weißenhofsiedlung Stuttgart, Entwurf für den Palast des Völkerbundes in Genf

1928 Reise nach Moskau; erstes Zusammentreffen der stark von Le Corbusier geprägten Congrès Internationaux d'Architecture Moderne (CIAM) auf Schloß La Sarraz in der Schweiz; *Nestlé Pavillon*, erster Entwurf *Villa in Karthago*

1929 Vortragsreise durch Südamerika (Buenos Aires, Montevideo, Rio de Janeiro, São Paulo), zweite Moskau-Reise (Treffen mit Stalin und Miljutin); zweiter CIAM-Kongreß in Frankfurt a. M.; im Herbstsalon Ausstellung von Möbeln (zusammen mit Charlotte Perriand); *Villa Savoye* in Poissy, *Haus Church* in Ville d'Avray, Entwürfe für eine Weltstadt, ein Mundaneum und die Serienbauten der Maisons Loucheur

1930 Le Corbusier heiratet Yvonne Gallis und wird französischer Staatsbürger; dritte Moskau-Reise (Begegnungen mit Meyerhold und Eisenstein); Vorträge in Bern, Basel und Algier; Baubeginn beim Centrosoyus-Gebäude in Moskau, erster Plan für Algier und Umgebung (mehrere weitere bis 1942), *Haus Errazuris* in Chile, *Appartement Beistegui* in Paris, *Appartementhaus Clarté* in Genf, Projekte für das Gebiet um die Porte Maillot

1931 Reisen nach Schweden, Norwegen, England und Spanien (mit Fernand Léger); *Landhaus Mandrot*, Entwurf für Sowjetpalast in Moskau, Entwurf für Museum für zeitgenössische Kunst

1932 Entwurf für Appartementhaus in Zürich

1933 Ehrendoktor der Technischen Universität Zürich; Reisen nach Nordafrika und Griechenland; vierter Kongreß der CIAM in Athen; *Schweizer Pavillon* in Paris, Entwurf für Rentenanstalt in Zürich, Heilsarmeegebäude in Paris

1934 Vorträge in Mailand, Rom und Stockholm; Besuch der Fiat-Werke, Pläne für neue Formen landwirtschaftlicher Siedlungen (*Ferme radieuse*); Stadtplanung Nemours, Nordafrika

1935 Amerika-Reise (New York, Chicago, Boston, Philadelphia, in 30 Tagen 23 Vorträge in 20 Städten); Le Corbusier für den Nobelpreis vorgeschlagen; in Algier Begegnung mit Albert Camus; Ausstellung primitiver Kunst im eigenen Atelier; Haus in Mathes, Wochenendhaus bei Paris, Entwürfe für Staatsmuseum, Stadtplanung Hellocourt

1936 Zweite Südamerika-Reise; *Erziehungsministerium Rio de Janeiro*, Entwurf für Studentenstadt in Rio de Janeiro, *Sanierungsplan «Ilot 6»* in Paris, Pläne für ein nationales Zentrum für Volksfeste mit 100 000 Teilnehmern

1937 Ritter der Ehrenlegion

1938 Ausstellung von Bildern im Kunsthaus Zürich; Generalplan Buenos Aires, *Kartesianischer Wolkenkratzer*, Stadtplanung für Pont de St. Cloud in Boulogne-sur-Seine, Entwurf Geschäftsviertel Algier

1939 Vorträge in Smyrna und Istanbul; Bekanntschaft mit Jean Giraudoux;

Entwurf für Museum mit unbegrenztem Wachstum

1940 Atelier nach der Besetzung von Paris geschlossen, Le Corbusier geht nach Südfrankreich; Trennung von Pierre Jeanneret, der in die Résistance geht, während Le Corbusier zusammen mit Auguste Perret und Eugène Freyssinet von der Regierung in Vichy gefördert wird; Entwurf der «Murondins-Häuser»

1941 Aufenthalt in Vichy, Kontakte mit Philippe Pétain; Le Corbusier soll eine staatliche Institution für den Wiederaufbau aufbauen, häufige Treffen mit Romain Rolland, erste Arbeiten am *Modulor*

1942 Reise nach Algier in offizieller Mission, endgültige Ablehnung der städtebaulichen Pläne für Algier; Gründung der Assemblée de Constructeurs pour une Rénovation Architecturale (ASCORAL) zur Fortsetzung der CIAM-Arbeit in Frankreich

1943 Bericht über die städtebauliche Erschließung des Pyrenäengebiets für die Regierung in Vichy

1944 Neueröffnung des Ateliers nach der Befreiung von Paris, mehrere Planungen für provisorische Häuser

1945 USA-Reise an der Spitze einer offiziellen Kommission, die die amerikanische Architektur der Kriegsjahre studieren soll; Wiederaufbaupläne für La Rochelle-Pallice und Saint-Dié

1946 In Princeton Begegnung mit Albert Einstein, Mitglied der Kommission für die Standortwahl des UN-Gebäudes

1947 Reise nach Amerika und Bogotá; erste Skulpturen (in Zusammenarbeit mit Joseph Savina); Entwurf für die UN-Gebäude in New York, Textilfabrik in Saint-Dié, Bau der *Unité d'Habitation* in Marseille

1948 Erste Tapisserie-Entwürfe, Projekt für das Wallfahrtszentrum La Sainte Beaume in Südfrankreich

1949 *Haus Dr. Currutchet* in Argentinien, Pläne für eine Hangbebauung «Roq et Rob» an der Côte d'Azur

1950 Ernennnung zum Government Architectural Adviser für den Bau der Stadt und des Kapitols von Chandigarh; Auftrag für Wallfahrtskirche Ronchamp; Entwurf *Haus Fueter*, Stadtplanung Bogotá
Chandigarh; Entwurf *Haus Fueter*, Stadtplanung Bogotá

1951 Beginn der Arbeiten und Projekte für Chandigarh (Gericht bis 1955, Sekretariat bis 1958, Parlament bis 1962, Gouverneurspalast nicht realisiert); Haus der Spinnereibesitzer in Ahmedabad, Pläne für *Haus Shodan* und *Haus Sarabhai*

1952 Bau der eigenen Ferienhütte am Cap Martin, Auftrag für Häuser Jaoul in Neuilly, *Unité d'Habilitation* in Nantes

1953 Le Corbusier-Ausstellung des Musée National d'Art Moderne in Paris; Mitarbeit bei der Planung der UNESCO-Gebäude in Paris, *Museum Ahmedabad*, Auftrag für das Kloster Sainte-Marie-de-la-Tourette in Eveux

1954 Ausstellungen in Bern und Como

1955 Einweihung in Ronchamp; Ausstellung eines Modells des *Denkmals der Offenen Hand* in Chandigarh; Reise nach Tokio

1956 Ablehnung einer Berufung als Professor an das Institut de France; *Kulturzentrum Tokio*; Projekte für Stadien in Bagdad und Firminy, *Unité d'Habitation Berlin* (Pläne in Ausführung stark verändert)

1957	Tod von Yvonne Le Corbusier; große Ausstellung unter anderem in Zürich, Berlin, München, Wien, Frankfurt a. M.; *Brasilianischer Pavillon* der Pariser Studentenstadt

1957 Tod von Yvonne Le Corbusier; große Ausstellung unter anderem in Zürich, Berlin, München, Wien, Frankfurt a. M.; *Brasilianischer Pavillon* der Pariser Studentenstadt

1958 Komposition des *Poème électronique* (gemeinsam mit dem Komponisten Edgar Varèse); *Philips-Pavillon* auf der Weltausstellung Brüssel, *Schleuse in Kembs-Niffer* (Elsaß); Beteiligung am Städtebauwettbewerb Berlin

1959 Reise nach Amerika; Ehrendoktor in Harvard

1960 Tod der Mutter; Pläne für Art School und College of Architecture in Chandigarh; Eröffnung des Klosters Sainte-Marie-de-la-Tourette in Eveux

1961 *Visual Arts Center* in Cambridge/Mass., Planung des Kulturzentrums Orsay, Paris

1962 Planung Rechenzentrum Olivetta in Rho, Kulturhaus in Firminy, Planung für Ausstellungsgebäude in Stockholm

1963 Plan für Kulturzentrum Erlenbach bei Frankfurt a. M., zweiter Plan für das Olivetti-Rechenzentrum

1964 Plan für ein Kongreßgebäude des Europarates in Straßburg, Plan für die französische Botschaft in Brasilia, Ausstellungspavillon Zürich

1965 Präsentation der Pläne für das Hospital in Venedig.
      27. August: Tod durch Herzschlag beim Baden im Mittelmeer bei Cap Martin

ZEUGNISSE

LEONARDO BENEVOLO

Tatsächlich hat Le Corbusier die historische Aufgabe, die Perret und Garnier halbvollendet ließen, vollbracht: er hat den eigentlichen Gehalt der französischen Tradition aufgenommen, hat ihn entwickelt, ihn mit der internationalen Baukultur verschmolzen und ihn dann restlos aufgebraucht, bis seine Architektur, bar aller nationalen Kennzeichen, lediglich Ausdruck seiner persönlichen Erfahrung ist.

«Geschichte der Architektur des 19. und 20. Jahrhunderts»
Bd. II. München 1964

GUSTAV ADOLF PLATZ

Le Corbusiers Fähigkeit, mit logischen Gründen die Phänomene des heutigen Bauens zu zergliedern und einzuordnen, ist fast unbegrenzt. Nach der Lektüre seiner Bücher ist der Laie gefangen; der Fachmann empfindet den Reiz einer starken Persönlichkeit, mit der man ein gehöriges Stück Weges zusammengehen kann. Das Lateinische der ganzen Geisteshaltung hat seine Wurzeln in einer geschmeidigen, klaren und leuchtenden Sprache und seinen Nährboden in dem konservativen französischen Milieu ... Jeder modern denkende Architekt legt das Standardbuch von Le Corbusier mit einem freudigen Gefühl aus der Hand: Endlich! Endlich hat einer taghell beleuchtet, was wir gefühlt und gedacht haben, was die Pioniere vor dreißig Jahren in ihrer Weise gesagt haben. Nur das «Wie» dieser Laienpredigt ist unvergleichlich, ist hohe Kunst.

«Die Baukunst der neuesten Zeit». Berlin 1930

HUGO HÄRING

Bei ihm [Le Corbusier] kommt man aus flachem lande in die stadt, rast durch sie hindurch und weiter durch flaches land. Das rasen der autos ist das belebende element der stadt, und das land ist vorzugsweise dazu da, dieses rasen zu ermöglichen und eine stadt mit der anderen zu verbinden ... Gespanntheit und weite sind die elemente, die dem lebensgefühl seiner bewohner überhaupt notwendig sind und lebenslust und -kraft wirksam regenerieren. Die sonne unterstützt nicht nur dieses werk der regeneration, sie steigert es noch zu festlicher wirkung. Diese stadt mit ihren riesigen hotels in gärten und parkanlagen wirkt wie ein kurort, der für alle seine gäste auch eine annähernd gleiche lebenshaltung voraussetzt ... Damit ist auch zugleich das soziale problem auf eine einfache art gelöst, indem der abstand zwischen königen und pro-

letariern dadurch beseitigt wird, daß sich alle auf einer angenehmen
mitte begegnen.

«zwei städte. eine physiognomische studie, zugleich ein beitrag zur
problematik des städtebaus». Erstmals 1926, zit. n. Hugo Häring:
«Schriften, Bauten, Entwürfe». Stuttgart 1965

NORMA EVENSON

Le Corbusier ... verneinte die Furcht, die städtische Umwelt sei un-
kontrollierbar, amorph und chaotisch. Er bestimmte die Stadt als von
Menschenhand geschaffene Schöpfung, vom Willen des Menschen ge-
ordnet und ... ihm unterworfen. Durch ein ganzes Leben voller persönli-
cher Enttäuschungen hindurch vertrat ... er die Auffassung, daß die
Menschen über die Macht verfügen, ihr Schicksal zu bestimmen und ihre
Umgebung nach menschlichen Bedürfnissen zu gestalten. Im Bewußt-
sein der außerordentlichen organisatorischen Kraft und der latenten
kollektiven Willenskräfte der modernen Gesellschaft versuchte er, auch
andere mit der Weite und Tiefe seiner eigenen Vision zu erfüllen.

«Le Corbusier. The Machine and the Grand Design». London 1969

STIMME DER KIRCHE

Die zu ihrer Jahrestagung   versammelten Kunstbeauftragten der Erz-
diözese Paderborn stellen mit Besorgnis fest, daß die von Le Corbusier
in Ronchamp erbaute Wallfahrtskirche in der Presse weitgehend eine
durchaus anerkennende Beurteilung findet, ja, daß sie bereits von deutschen Architekten als Vorbild für ihre Entwürfe herangezogen wird. Sie
weisen darauf hin, daß diese Kirche ein nicht zu überbietendes Beispiel
von Neuerungssucht, Willkür und Unordnung ist und daß Le Corbusier
mit ihr den Bruch mit der Tradition des katholischen Kirchenbaus mit
einem bisher unerhörten Radikalismus vollzogen hat und sogar mehrfach gegen allgemeine Regeln der Baukunst verstößt. Sie stellen insbesondere fest, daß diese Kirche den unbedingt zu fordernden sakralen
Charakter völlig vermissen läßt.

Zit. n. Alois Fuchs: «Die Wallfahrtskirche Le Corbusiers
in Ronchamp kritisch beurteilt». Paderborn 1956

ALFRED ROTH

Bezüglich der Raumkonzeption hat Le Corbusier in Ronchamp die in seinem ganzen bisherigen Werk postulierte Einheit des dynamisch geglie-
derten Raumes ganz in den Dienst religiöser Sammlung und Verinner-
lichung gestellt, unter voller Berücksichtigung der besonderen liturgi-

schen Anforderungen. Diese wurden nicht als von außen gegebenes, nüchternes Programm, sondern als eine visionäre schöpferische Umdeutung kirchlichen Geschehens verwirklicht ... In diesem dynamischen und dennoch in sich ruhenden räumlich-plastischen Gebilde findet sowohl die gequälte als auch die erlöste Menschenseele Halt und bildhaften Ausdruck.

In der visionären Raumkonzeption Le Corbusiers ... offenbart sich souveränes, kraftvolles Künstlertum, das allein und jenseits konfessioneller Schattierungen dazu berufen ist, eine Gefühl und Geist in gleichem Maße ergreifende Atmosphäre echten sakralen Geschehens zu schaffen.

«Die Wallfahrtskirche in Ronchamp» in: «Werk» 42 (1955),
S. 375–380

BIBLIOGRAPHIE

Für die Neuausgabe 1990 wurde der dritte Abschnitt umgearbeitet. Nach der grundlegenden Arbeit von DARLENE BRADY: «Le Corbusier. An annotated bibliography» (New York 1985) und den Hinweisen bei GIOVANNI DENTI (Hg.): «Le Corbusier. Opere – bibliografia» (Florenz 1987) konnten die Hinweise auf die ältere Literatur kürzer gefaßt werden. Die Angaben zur Literatur seit 1987, als der 100. Geburtstag Le Corbusiers zu einer Springflut von Publikationen führte, beruhen auf einer ausführlicheren Zusammenstellung, die Madame Françoise Frey dem Autor zur Verfügung stellte. Ihr sei auch an dieser Stelle ganz herzlich gedankt.

1. Schriften von Le Corbusier

Étude sur le mouvement d'art décoratif en Allemagne. La Chaux-de-Fonds 1912
Après le cubisme. Paris 1918 (zusammen mit Amédé Ozenfant unter dem Namen Édouard Jeanneret)
Vers une architecture. Paris 1923 – Dt.: Kommende Baukunst. Stuttgart 1926 – Ausblick auf eine Architektur. Berlin–Frankfurt a. M.–Wien 1963
La peinture moderne. Paris 1925 (zusammen mit Amédé Ozenfant unter dem Namen Charles Édouard Jeanneret)
L'art décoratif d'aujourdhui. Paris 1925
Urbanisme. Paris 1925 – Dt.: Städtebau. Stuttgart 1929
Almanach d'architecture moderne. Paris 1926
Requête adressée à la Société des Nations. Paris 1928 (zusammen mit Pierre Jeanneret)
Une maison, un palais. Paris 1928
Vers le Paris de l'époque machiniste. Paris 1928
Mundaneum. Brüssel 1928
Précisions sur un état présent de l'architecture et de l'urbanisme. Paris 1929 – Dt.: Feststellungen zu Architektur und Städtebau. Berlin–Frankfurt a. M.–Wien 1964
La maison de verre. Genf 1933
La ville radieuse. Paris 1935 – Neuausg.: Paris 1965
Quand les cathédrales étaient blanches. Voyage au pays des timides. Paris 1937
Des canons, des munitions? Merci, des logis s. v. p. Paris 1938
Le lyrisme des temps nouveaux et l'urbanisme. Colmar 1939
Destin de Paris. Clermont-Ferrand–Paris 1941
Sur les quatre routes. Paris 1941
La maison des hommes. Paris 1942
Les constructions «murondins». Paris 1942
La charte d'Athènes. Paris 1943 – Dt.: Die «Charte d'Athènes». In: An die Studenten – Die «Charte d'Athènes». Reinbek 1962 (= rowohlts deutsche enzyklopädie. 141)

Entretien avec les étudiants des écoles d'architecture. Paris 1943 – Dt.: An die Studenten. In: An die Studenten – Die «Charte d'Athènes». Reinbek 1962 (= rowohlts deutsche enzyklopädie. 141)

Propos d'urbanisme. Paris 1946 – Dt.: Grundfragen des Städtebaus. Stuttgart o. J.

Les trois établissements humains. Paris 1946

Manière de penser l'urbanisme. Paris 1946 – Dt.: Vom Sinn und Unsinn der Städte. Gedanken zur Stadtplanung. Zürich–Köln 1974

United Nations headquarters. New York 1947

Le Modulor. Paris 1950 – Dt.: Modulor. Stuttgart 1953

Poésie sur Alger. Paris 1950

L'unité d'habitation de Marseille. Mulhouse 1950

Une petite maison. Zürich 1954

Le Modulor 2. La paroles est aux usageurs. Paris 1955 – Dt.: Modulor 2. Stuttgart 1958

Le poème de l'angle droit. Paris 1955

Les plans Le Corbusier de Paris 1922–1953. Paris 1956

Ronchamp. Stuttgart 1957

L'urbanisme des trois établissements humains. Paris 1959

Le Corbusier. L'atelier de la recherche patiente. Paris 1960 – Dt.: Mein Werk. Stuttgart 1960

Orsay Paris. Paris 1961

Le livre de Ronchamp. Paris 1961

Le voyage d'orient. Paris 1966

Les maternelles vous parlent. Paris 1968 – Dt.: Kinder der Strahlenden Stadt. Stuttgart 1968

2. Werkausgaben

Die Arbeiten von Le Corbusier sind seit 1929 von W. Boesiger (teilweise zusammen mit anderen Mitarbeitern) herausgegeben worden. Die acht Bände dieser Ausgabe können sowohl in der Bildauswahl wie auch in den Texten im wesentlichen als Publikationen von Le Corbusier gelten, auch wenn der Hinweis, daß die Texte von ihm stammen, nach dem dritten Band entfallen ist. Die einzelnen Bände in den in dieser Arbeit zitierten Ausgaben:

Le Corbusier et Pierre Jeanneret. Œuvre complète 1910–1929. 9. Aufl. Zürich 1967

Le Corbusier et Pierre Jeanneret. Œuvre complète 1929–1934. 8. Aufl. Zürich 1967

Le Corbusier et Pierre Jeanneret. Œuvre complète 1934–1938. 8. Aufl. Zürich 1967

Le Corbusier. Œuvre complète 1938–1946. 6. Aufl. Zürich 1971

Le Corbusier. Œuvre complète 1946–1952. 2. Aufl. Zürich 1955

Le Corbusier et son atelier rue de Sèvres 35. Œuvre complète 1952–1957. 5. Aufl. Zürich 1970

Le Corbusier et son atelier rue de Sèvres 35. Œuvre complète 1957–1965. 2. Aufl. Zürich 1966

Le Corbusier. Les dernières œuvres. Zürich 1970

BAKER, GEOFFREY: Le Corbusier. An analysis of form [ca. 1984]

BAKER, GEOFFREY, und JACQUES GUBLER (Hg.): Early works by Charles-Édouard Jeanneret. London 1982

BANHAM, REYNER: Die Revolution der Architektur. Theorie und Gestaltung im Ersten Maschinenzeitalter. Reinbek 1964 (= rowohlts deutsche enzyklopädie. 209/210)

BEHNE, ADOLF: Der moderne Zweckbau. München 1926 – Neuausg.: Frankfurt a. M. – Wien 1964

BENTON, TIMOTHY J.: Le Corbusiers Villen aus den Jahren 1920–1930. Stuttgart 1984

BESSET, MAURICE: Wer war Le Corbusier? Genf 1968

BLAKE, PETER: Drei Meisterarchitekten. Le Corbusier, Mies van der Rohe, Frank Lloyd Wright. München 1962

BLASI, CESARE, und GABRIELLA PADOVANO (Hg.): Le Corbusier. La progettazione come mutamento. Mailand 1986

BLUM, ELISABETH: Le Corbusiers Wege. Wie das Zauberwerk in Gang gesetzt wird. Braunschweig 1988

BOSMAN, JOS (Hg.): Le Corbusier und die Schweiz. Dokumente einer schwierigen Beziehung. Zürich 1987

BOUDON, PHILIPPE: Die Siedlung Pessac. 40 Jahre Wohnen à Le Corbusier. Sozio-architektonische Studie. Gütersloh 1971

BRADY, DARLENE: Le Corbusier. An annotated bibliography. New York – London 1985

BROOKS, ALLEN H · Le Corbusier. Princeton 1987

BROOKS, ALLEN H. (Hg.): The Le Corbusier Archive. 32 Bände. New York 1982–1984

CHAFROLLAIS, ISABELLE, und ANDRÉ DUCRET (Hg.): Le Corbusier à Genève, 1922–1932. Projets et Réalisations. Lausanne 1987

CURTIS, WILLIAM: Le Corbusier. Idea and Forms. Oxford 1986

DENTI, GIOVANNI, ANDREA SAVIO und GIANNI CALZA: Le Corbusier in Italia. Mailand 1988

DE SIMONE, CESARE: Charles Edouard Jeanneret – Le Corbusier, Viaggio in Germania 1910–1911. Rom 1989

EMERY, MARC, und SYLVIANE RAMSEYER (Hg.): La Chaux-de-Fonds et Jeanneret avant Le Corbusier. La Chaux-de-Fonds 1987

EVENSON, NORMA: Chandigarh. Berkeley 1966
Le Corbusier. The machine and the grand design. London 1969
Two Brazilian capitals. Architecture and urbanism in Rio de Janeiro and Brasilia. New Haven–London 1973

Four great makers of modern architecture. Gropius, Le Corbusier, Mies van der Rohe, Wright. New York 1970

FRANCLIEU, FRANÇOISE DE (Hg.): Le Corbusier, Sketchbooks I–IV. Paris 1980–1982

GABETTI, ROBERTO, und CARLO OLMO: Le Corbusier et L'Esprit Nouveau. Turin 1975

GADIENT, HANSJÖRG (Hg.): Le Corbusier. Maler, Zeichner, Plastiker, Poet. Zürich 1988

GANS, DEBORAH: The Le Corbusier Guide. Princeton 1987

GRESLERI, GIULIANO (Hg.): Viaggio in Oriente. Venedig 1984
   Voyage en Orient. Carnets. Paris 1987
HILPERT, THILO: Die funktionelle Stadt. Le Corbusiers Stadtvision. Bedingungen, Motive, Hintergründe. Braunschweig 1978
   (Hg.): Le Corbusiers Charta von Athen. Texte und Dokumente. Kritische Ausgabe. Wiesbaden ²1988
   (Hg.): Le Corbusier, Atelier der Ideen 1887–1987. Hamburg 1987
HITCHCOCK, HENRY-RUSSELL, und PHILIP JOHNSON: The international style. New York 1932 – Neuausg.: 1966
HOFER, PAUL: Griff in die Doppelwelt: Notizen zur Person Le Corbusiers. In: HOFER, Fundplätze, Bauplätze. Basel–Stuttgart 1970
   Le Corbusier und die Stadt. In: HOFER, Fundplätze, Bauplätze. Basel–Stuttgart 1970
JENCKS, CHARLES: Le Corbusier and the tragic view of architecture. London 1973
KAUFMANN, EMIL: Von Ledoux bis Le Corbusier. Wien 1932
LUCAN, JACQUES (Hg.): Le Corbusier. Une encyclopédie. Paris 1987
MICHELS, KAREN: Der Sinn der Unordnung. Arbeitsformen im Atelier Le Corbusiers. Braunschweig – Wiesbaden 1989
MOOS, STANISLAUS VON: Le Corbusier. Elemente einer Synthese. Frauenfeld–Stuttgart 1968
   (Hg.): L'Esprit Nouveau. Le Corbusier und die Industrie 1920–1925. Berlin 1987
OECHSLIN, WERNER (Hg.): Das Wettbewerbsprojekt für den Völkerbundpalast in Genf 1927. Le Corbusier und Pierre Jeanneret. Zürich 1988
OSWALD, FRANZ, und WERNER OECHSLIN (Hg.): Le Corbusier im Brennpunkt, Vorträge an der Abteilung für Architektur an der ETH Zürich. Zürich 1988
RAEBURN, MICHAEL, und VICTORIA WILSON (Hg.): Le Corbusier, Architect of the Century. London 1987
ROTH, ALFRED: Zwei Wohnhäuser von Le Corbusier und Pierre Jeanneret. Stuttgart 1927
   Begegnung mit Pionieren. Basel–Stuttgart 1973
ROWE, COLIN: The mathematics of the ideal villa. Palladio and Le Corbusier compared. In: The Architectural Review 101 (1947), S. 101 f
ROWE, COLIN, ROBERT SLUTZKY und BERNHARD HOESLI: Transparenz. Basel–Stuttgart 1968
SADDY, PIERRE (Hg.): Le Corbusier. Le passé à réaction poétique. Paris 1987
SEKLER, EBERHARD, und WILLIAM CURTIS: Le Corbusier at work. The genies of the Carpenter Center for Visual Arts. London 1978
SEKLER, MARY PATRICIA MAY: The early drawings of Charles Edouard Jeanneret (Le Corbusier) 1902–1908. New York 1977
SERENYI, PETER (Hg.): Le Corbusier in perspective. Englewood Cliffs 1975
STIRLING, JAMES: Garches to Jaoul. Le Corbusier as domestic architect in 1927 and 1953. In: The Architectural Review 118 (1955), S. 145 f
   Le Corbusier's chapel and the crisis of rationalism. In: The Architectural Review 119 (1956), S. 155 f
TAFURI, MANFREDO: La crisi dell'utopia. Le Corbusier ad Algeri. In: TAFURI, Progetto e utopia. Rom 1973. S. 115 f
TAYLOR, BRIAN BRACE: La cité de refuge di Le Corbusier 1929/30. Rom 1979
TURNER, PAUL V.: The Education of Le Corbusier. New York 1977
VIATTE, GERMAIN (Hg.): Le Corbusier et la Méditerrannée. Marseille 1987

VOWINCKEL, ANDREAS, und THOMAS KESSLER (Hg.): Le Corbusier, Synthèse des Arts, Aspekte des Spätwerks. Berlin 1986
WALDEN, RUSSELL (Hg.): The Open Hand. Essays on Le Corbusier. Cambridge, Mass. 1977

NAMENREGISTER

Die kursiv gesetzten Zahlen bezeichnen die Abbildungen

ÜBER DEN AUTOR

Norbert Huse, geboren 1941, studierte 1961 bis 1966 in München, Freiburg i. B. und Frankfurt a. M. und promovierte 1966 in München mit einer Arbeit über Bernini. 1966 bis 1968 war er Stipendiat am Kunsthistorischen Institut in Florenz, 1968 bis 1970 Assistant Professor in Louisville / USA. 1970 habilitierte er sich an der Universität München, seit 1980 ist er Inhaber des Lehrstuhls für Kunstgeschichte an der Technischen Universität München.

Buchpublikationen: Studien zu Giovanni Bellini, Berlin 1972; Neues Bauen 1918–1933. Moderne Architektur in der Weimarer Republik, München 1975; Denkmalpflege. Deutsche Texte aus drei Jahrhunderten, München 1984; Venedig. Die Kunst der Renaissance, München 1986 (gemeinsam mit Wolfgang Wolters); Kleine Kunstgeschichte Münchens, München 1990; Herausgeber der Kataloge: Siedlungen der zwanziger Jahre – heute. Vier Berliner Großsiedlungen 1924–1984, Berlin 1984; Verloren, gefährdet, geschützt. Baudenkmale in Berlin, Berlin 1988.

QUELLENNACHWEIS DER ABBILDUNGEN

Foto Nina Leen, New York: 6 / Aus: Stanislaus von Moos, Le Corbusier – Elemente einer Synthese. Verlag Huber, Frauenfeld und Stuttgart 1968: 8 unten, 31, 33, 77 unten / Aus: Le Corbusier, Ausblick auf eine Architektur. Verlag Ullstein, Berlin: 20 / Aus: Le Corbusier, Mein Werk. Verlag Gerd Hatje, Stuttgart 1960: 14, 27 oben / Aus: Le Corbusier, Œuvre complète. Hg. von W. Boesiger. 8 Bde. Les Éditions d'Architecture (Artemis Verlag) Erlenbach-Zürich, 1948–70: 25, 27 unten, 29, 36, 37, 39, 40 oben, 40 unten, 42, 47, 50, 52/53, 54/55, 60/61, 62, 64, 64/65, 67, 68, 69, 75, 76/77, 82, 84, 85, 86/87, 89, 92/93, 96, 98, 101, 102, 103 unten, 104, 106, 108/109, 112, 112/113, 114, 115, 121, 122, 123, 124/125 / Aus: Maurice Besset, Wer war Le Corbusier? Éditions d'Art Albert Skira, Genf 1968: 43, 44 (Photos Maurice Babey, Basel), 45, 95, 103 oben / Aus: Le Corbusier, La ville radieuse. Vincent Fréal & Cie. Paris 1964: 73, 74, 79 / Aus: Anton Henze / Bernhard Moosbrugger, La Tourette, Le Corbusiers erster Klosterbau. Josef Keller Verlag, Starnberg 1963: 117, 118, 120 / Foto Gasser, Zürich: 126/127 / Aus: Jean Petit, Le Corbusier lui-même. Éditions Rousseau, Genf 1970: 8 oben, 10, 12, 13, 15

rowohlts bildmonographien

**Thema
Kunst**

C 2056/7

rowohlts bildmonographien

Eckhard Weise
Ingmar Bergmann
(366)

Michael Schwarze
Luis Buñuel (292)

Wolfram Tichy
Charlie Chaplin (219)

Reinhold Reitberger
Walt Disney (226)

Doris Maurer
Eleonore Duse (388)

Heinrich Goertz
Gustaf Gründgens
(315)

Wolfram Tichy
Buster Keaton (318)

Michael Töteberg
Fritz Lang (339)

Otto Schweizer
Pier Paolo Pasolini
(354)

Heinrich Goertz
Erwin Piscator (221)

Leonhard M. Fiedler
Max Reinhardt (228)

Michael Schulte
Karl Valentin (144)

**Thema
Theater,
Film**

C 2056/8 a

C 2055/6

rowohlts bildmonographien

**Thema
Musik**

rororo
bildmono graphien

C 2055/6 a

rowohlts bildmonographien

**Thema
Literatur**

C 2058/7 a

bildmono ro ro ro graphien

C 2058/7 c